기도와 치유 사역

전용복 지음

기도와 치유사역

지은이 • 전용복
펴낸이 • 이상준
펴낸곳 • 서로사랑(알파코리아 출판사역기관)
1판 1쇄 발행 • 2002. 10. 15
1판 13쇄 발행 • 2013. 2. 25
등록번호 • 제 21-657-1
등록일자 • 1994. 10. 31
주소 • 서울시 서초구 방배동 918-3 완원빌딩 1층
전화 • (02)586-9211~4
팩스 • (02)586-9215
이메일 • publication@alphakorea.org
홈페이지 • http//www.alphakorea.org

값 7,500원

CONTENTS

영적 성장, 치유에서 시작된다 … 7

1장 치유 사역의 실제

성도의 기쁨을 빼앗아 가는 것들 … 16
구약에서 말하는 질병들 … 19
구약에 나타난 치유 … 32
신약에서 말하는 질병들 … 40
신약에 나타난 치유 … 49
건강의 성경적 의미 … 54
질병, 치유, 건강 … 56

2장 성령의 기름 부으심과 치유 사역

질병은 어디서 올까 … 64
영, 혼, 육 … 75
기름 부으심을 받는다는 것 … 90
성령이 임재하실 때 나타나는 것들 … 94
성막을 통해 본 하나님의 임재 … 98

3장 영적 치유

왜 영의 치유가 우선되어야 할까? … 107
영의 기능 세 가지 … 117
영적인 기능이 손상될 때 일어나는 일들 … 127
영적 손상의 원인 … 132
양심이 손상되는 까닭은? … 142
영적 교통을 방해하는 장애물들 … 150
영적 치유가 필요할 때 … 157
영의 치유와 성령의 역사 … 171

4장 내적 치유

감정이란? … 182
감정의 역할 … 191
깨어진 마음 치유하기 … 194
내적 상처가 생기는 원인 … 204
내적 치유, 이렇게 하라 … 209
치유를 위한 다섯 단계 … 215

부록

치유사역을 위한 실제적인 기도 … 219
참고도서 … 220

추천사

능력 있는 중보기도와 치유 사역자로 잘 알려진 전용복 목사님께서 치유에 관한 책을 내신다고 해서 그 내용이 많이 궁금하였습니다. 순식간에 읽어 내려가면서 그 내용에 동감하며 때로는 새로운 시각에 감탄하기도 했습니다.

「기도와 치유사역」이라는 책 제목에서도 알 수 있듯이 본서는 치유사역을 중보기도의 한 형태라는 이해에서부터 출발하고 있습니다. 중보기도를 '하나님과 인간 사이에 들어가서 하나님과 인간을 이어주는 기도'라고 이해한다면 그 출발이 타당함을 알 수 있습니다. 우리를 중보하시기 위해 십자가에서 돌아가신 주님을 생각할 때 우리의 치유사역은 참 중보자되신 주님을 뒤따라가는 참 제자의 삶입니다.

본서는 성경에 나와있는 치유에 대한 분석을 원어적으로, 논리적으로 체계를 잘 잡아 경험에만 치우치는 우를 범하지 않고 그 사역을 성경에 근거를 두고 있습니다. 또한 풍부한 사역의 경험이 잘 어우러져 이론에만 치우치는 우도 범하지 않게 합니다. 좌로나 우로나 치우치지 않고 주의 뜻을 좇아가는데 좋은 안내자가 될 것입니다.

우리 기독교는 인간을 총체적으로 이해합니다. 그러나 본서는 기능적으로 인간을 영, 혼, 육으로 나누어 설명하고 있습니다. 영, 혼, 육에 대한 깊은 설명과 각각의 치유에 대한 부분은 새로운 이해를 가져다 줄 것입니다. 특히 영의 기능을 직관과 양심과 교통으로 나누어 설명하며 치유가 필요하다는 내용은 우리의 이해를 확장시켜 줍니다. 뿐만 아니라 영과 혼(내적 치유)의 치유에 대한 강조는 그동안 육(육체의 질병)의 치유에만 집중되어 치우치고 편중되어 왔던 치유사역을 더 온전한 사역으로 인도할 것입니다.

그동안 성경의 근거가 약하고 치유 사역자의 강한 카리스마에만 의존했던 한국 교회의 치유사역이 이 책을 통해 균형 있고 더 깊고 온전한 치유사역으로 나아가게 될 것을 믿습니다. 치유사역을 하는 한 목회자로서 본서를 한국의 모든 사역자들과 그리스도인들에게 기쁨으로 적극 권합니다.

일산 정발산 아래에서
류영모 목사(한소망교회)

서문

영적 성장, 치유에서 시작된다

1960~1970년대는 '치유사역' 하면 주로 몸의 질병의 치유를 다루었다. 병 고치는 은사 또는 신유 은사는 주로 몸이 아픈 사람들을 대상으로 기도할 때 놀라운 기적들이 일어난다. 이와 같은 사역을 통해 살아 계신 주님의 역사하심을 많은 사람들에게 증거하는 기회가 되었다.

그런데 치유 사역을 통해 치유받은 사람이 몇 년이 지난 후에 다시 같은 병이나 비슷한 병으로 고생할 때 주님이 치유하셨는데 왜 또 재발하느냐 하며 의심하는 사람들을 보았다. 몸의 질병이 치유되었다 할지라도 그 병의 근원이 되는 마음의 병이 치유되지 않으면 다시 어려움을 당하는 사람들을 많이 보게 되는데, 의학적으로도 70~80퍼센트의 몸의 병은 마음에서 온다는 것이 입증되고 있다.

1980~1990년대는 내적 치유에 대해 많은 관심을 갖었다. 아무리

좋은 재능이나 지적인 실력을 갖추었다 할지라도 심령이 상하면 기쁨이 없고 누리지를 못한다.

> 사람의 심령은 그 병을 능히 이기려니와 심령이 상하면 그것을 누가 일으키겠느냐(잠 18:14).

상한 심령은 하나님 외에는 누구도 치료할 수 없다고 성경은 말씀하고 있다. 마음이 상하면 조그마한 일에도 흥분하고 침체되고 넘어지며 그것 때문에 고통에서 헤어나지 못하게 된다. 우리 몸도 건강할 때 두드려 주면 시원하고 좋지만 상처 난 곳을 만지거나 두드리면 고통스럽다.

마음의 상처도 마찬가지다. 평소에는 정상적으로 살다가 어떤 일에만 부딪치면 당황하고 흥분하고 심지어는 화를 내는 것은 마음의 상처 때문이다. 마음이 건강하면 아무 문제가 되지 않는다. 마음의 질병은 여기서 멈추는 것이 아니라 삶에서 시기, 질투, 분쟁, 이간, 미움, 비난, 다툼 등의 일로 구체적으로 나타나기도 하고 개인의 삶에는 마음의 병으로 나타나기도 한다.

마음에 상처받은 영혼들이 교회에 와서 마음이 건강한 사람들을 만나면 치유되고 회복되지만 마음에 상처가 많은 사람들을 만나면 서로 상처를 주고 받는 일이 생긴다. 이런 것이 삶의 악순환으로 나타나게 된다.

예배를 드리면서 하나님을 만난 사람의 얼굴은 다르다. 예배를 드리기 위해서 교회에 갈 때는 세상의 여러 가지 근심과 걱정들로 얼굴 표정이 밝지 않지만, 예배 가운데 하나님을 만나면 세상이 알지 못하는 기쁨과 평안으로 환해진다.

> 마음의 즐거움은 얼굴을 빛나게 하여도 마음의 근심은 심령을 상하게 하느니라(잠 15:13).

하나님을 만난 후 마음이 치유되고 영적으로 은혜 속에서 강건해지는 모습이 곧 성도의 모습이다. 주님이 주신 마음의 평안과 기쁨이야말로 그리스도인이 가진 가장 위대한 선물 중의 하나이다.

마음의 치유를 받은 사람들 가운데는 주기적으로 내적 치유를 받아야 하는 경우도 있다. 오늘 마음의 치유를 받고 기쁨과 평강이 넘친다 할지라도 세상을 살다보면 상처를 받을 수 있는 상황들이 우리에게는 수시로 다가온다. 항상 상황을 뛰어넘는 능력은 주님과의 온전한 관계에서 온다. 주님과 온전한 관계 가운데 살아가면 마음에 상처를 줄 수 있는 상황들은 오히려 하나님의 기적을 체험하는 기회로 변한다. 위기는 문제가 아니라 오히려 하나님이 주시는 축복의 기회가 되는 것이다.

> 내게 능력 주시는 자 안에서 내가 모든 것을 할 수 있느니라(빌 4:13).

중보기도 사역 가운데 치유사역은 가장 기본적인 사역이다. 이 사역을 거치지 않고는 영적 성장을 기대하기 어렵다. 치유가 이루어진 다음에 놀라운 성숙과 변화를 보게 된다. 예수님께서 가르치시고 천국 복음을 전파하실 때 치유사역은 언제나 필수적이었다는 사실을 성경을 통해 알 수 있다.

필자는 지난 1997년부터 한국과 미국 그리고 세계 곳곳에서 주님의 마음을 가지고 기도하는 중보기도 리더들을 훈련하면서 나눈 내용들을 일부 정리해서 「기도와 치유사역」이라는 제목으로 책을 출간하게 되었다. 이 책을 읽는 모든 사람들에게 현장에서 사역할 때와 동일한 성령님의 역사가 예수 그리스도의 이름으로 일어나기를 기도한다.

내적 치유에 대한 더 구체적인 내용은 다음에 출판되는 「기도와 내적치유」라는 책에서 다룰 예정인데, 이 책을 통해 함께 은혜받기를 기도하고 있다.

이 책이 나오기까지 기도로 동역하신 목회개발원 중보기도 동역자들과 편집과 출판에 적극 격려해 주신 도서출판 서로사랑 이상준 선교사님께 감사드린다.

이 책이 나오기까지 편집과 교정을 위해 수고해 주신 아세아연합신학대학원 이동주 박사님과 목회개발원 정윤혜 간사에게 감사의 마음을 전한다.

나의 기도와 사역의 영원한 동역자로 주신 아내 전현숙(Beth)과 딸 지연(Debbie), 에스더, 그리고 아들 요한이에게도 고마움을 전한다.

주 여호와의 신이 내게 임하셨으니 이는 여호와께서 내게 기름을 부으사 가난한 자에게 아름다운 소식을 전하게 하려 하심이라 나를 보내사 마음이 상한 자를 고치며 포로된 자에게 자유를 갇힌 자에게 놓임을 전파하며(사 61:1).

주의 성령이 내게 임하셨으니 이는 가난한 자에게 복음을 전하게 하시려고 내게 기름을 부으시고 나를 보내사 포로된 자에게 자유를, 눈먼 자에게 다시 보게 함을 전파하며 눌린 자를 자유케 하시고(눅 4:18).

여호와여 내가 주께 대한 소문을 듣고 놀랐나이다 여호와여 주는 주의 일을 이 수년 내에 부흥케 하옵소서 이 수년 내에 나타내시옵소서 진노 중에라도 긍휼을 잊지 마옵소서(합 3:2).

영적 부흥을 바라보며

전용복 목사

제1장
치유 사역의 실제

성도의 기쁨을 빼앗아 가는 것들

구약에서 말하는 질병들

구약에 나타난 치유

신약에서 말하는 질병들

신약에 나타난 치유

건강의 성경적 의미

질병, 치유, 건강

제1장
치유 사역의 실제

중보기도 사역의 기본은 치유사역이다. 치유에는 육신의 질병 치유, 내적 치유, 가계 치유, 마음의 상처 치유, 상한 감정의 치유 그리고 영적 치유 등이 있다. 이 가운데 어떤 특정한 부분이 치유된다고 해서 다른 부분도 완전히 치유된다고 볼 수는 없다. 그러나 한 곳에서 치유가 일어나면 복합적으로 다른 부분까지도 치유될 수 있다. 이런 경우를 전인 치유라고 말한다.

치유의 핵심은 영적 치유, 즉 하나님과의 관계 치유다. 기도는 영혼의 호흡이다. 환자가 발생했을 때 의사가 가장 먼저 해야 할 일은 환자의 체온과 혈압, 맥박 그리고 호흡을 검사하는 것이다. 아무리 심한 환자라 할지라도 호흡이 있는 한 의사는 최선을 다한다. 외적으로 아무런 이상이 없을지라도 호흡이 멈추면 환자는 더 이상 치료받지 못한다. 신체의 다른 부분이 아무리 건강할지라도 호흡에 이상이 있으면 생명 연장을 보장할 수 없다. 호흡이 곤란한 사람에게 진수성찬을 차려준들 먹을 수 없지 않은가!

치유사역도 이와 같은 원리다. 영혼의 호흡이 가쁜 사람에게 영적 진수성찬을 차려 주어도 소화 능력이 없기 때문에 변화는 일어나지 않는다. 영적인 풍성함이 오히려 짐이 될 수도 있다. 기도가 회복될 때 '영의 양식' 곧 말씀을 먹는 대로 소화시킬 수 있다. 성도는 말씀을 통해 영적으로 건강해질 수 있고 기도를 통해 건강한 생활을 유지할 수 있다.

성도의 기쁨을 빼앗아 가는 것들

예수님을 믿으면 구원 받고 은혜 받아 기쁜 삶을 살 수 있다. 그러나 성도의 삶은 여러 가지 원인으로 말미암아 기쁨을 빼앗기고 있다.

첫째, 마음의 상처는 영적인 열매를 맺지 못하게 한다. 상처는 삶에서 미움, 분노, 불안, 공포 등의 죄를 이길 수 있는 능력을 빼앗아버린다. 상처는 가시덤불과 같아서 믿음이 자라지 못하게 하고 열매맺는 것을 방해한다. 그래서 삶 속에서 진정한 기쁨을 누리지 못한다.

> 네가 스스로 말하기를 사람이 나를 때려도 나는 아프지 아니하고 나를 상하게 하여도 내게 감각이 없도다 내가 언제나 깰까 다시 술을 찾겠다

하리라(잠 23:35).

둘째, 메릴린 히키는 자신이 인식하지 못하는 가계로부터 흐르는 저주의 세력 때문에 신앙생활에 방해를 받아 어려움을 겪는 경우가 있다고 말한다. 신앙인이든 아니든 어느 누구를 막론하고 사람들은 저주를 싫어한다. 저주는 그리스도 안에서 마땅히 누려야 하는 축복과 자유와 풍요와 건강 등에 반대되는 개념이다. 현대 가정 치료학은 한 가정의 행동양식(family patterns)이 한 세대에서 다음 세대로 전이된다고 주장한다. 그러나 예수 그리스도의 십자가 사건은 모든 질병과 저주에서 우리를 완전히 자유케 한다.

셋째, 대부분의 질병은 마음에서 출발한다는 것이 오늘날 의학적으로 규명되고 있다. 마음의 질병은 근본적으로 하나님만이 고칠 수 있다.

> 사람의 심령은 그 병을 능히 이기려니와 심령이 상하면 그것을 누가 일으키겠느냐(잠 18:14).

육체의 질병 치유만을 위한 기도는 효과적이지 않다. 혹시 치유되었다 할지라도 근원을 제거하지 않았기 때문에 재발할 가능성이 크다. 완전한 치유사역은 믿음을 견고케 하고 하나님의 자녀로 이 땅에서 주님의 영광을 위해 살도록 하기 위한 것이다.

교회에서 중보 기도팀이 치유를 위해 기도할 때 성령님의 인도하심을 구하는 것은 절대적으로 필요하다. 이때 치유의 세 가지 영역에서 역사가 나타나기를 기도해야 한다.

> 평강의 하나님이 친히 너희로 온전히 거룩하게 하시고 또 너희 온 영과 혼과 몸이 우리 주 예수 그리스도 강림하실 때에 흠 없게 보전되기를 원하노라(살전 5:23).

> 우리가 마음에 뿌림을 받아 양심의 악을 깨닫고 몸을 맑은 물로 씻었으니 참 마음과 온전한 믿음으로 하나님께 나아가자(히 10:22).

> 네가 보거니와 믿음이 그의 행함과 함께 일하고 행함으로 믿음이 온전케 되었느니라(약 2:22).

성도라면 누구나 병든 자를 위해 기도해본 경험이 있을 것이다. 기도할 때 즉시 치유가 일어나면 하나님의 크신 사랑을 느끼고 찬송하며 큰 일을 행하신 하나님의 이름을 높이게 된다. 그러나 우리가 기도했다고 해서 꼭 치유의 역사가 일어나는 것은 아니다. 치유가 지연될 때 믿음이 연약한 성도들은 시험에 들기도 한다. 심지어 하나님께서 그를 버리셨다고 잘못 생각하는 경우도 종종 있다.

중요한 것은 하나님께서 치유하시는 목적이 무엇인가를 분명히 아는 것이다. 치유하시는 하나님의 목적은 실로 다양하다. 가정을 구원하시고, 전도자로 쓰시기 위해 또는 많은 사람에게 하나님의 살아 계심을 증거하게 하기 위해, 때로는 죄를 회개하기 위한 방법으로 치유하신다. 그 뜻을 분별할 줄 안다면 훨씬 더 빨리 하나님의 크신 사랑에 거할 수 있고, 그의 삶도 하나님의 인도하심으로 보장받을 수 있다.

성경은 질병을 신·구약 전체에 걸쳐서 다양하게 다루고 있다. 먼저 구약에서 말하는 질병은 어떤 것들이 있는가를 원래 의미를 다루면서 살펴보자.

구약에서 말하는 질병들

• 홀리 (holi, חֳלִי)

질병과 관련해서 구약에 '홀리'라는 말이 나온다.

첫째, 이 단어는 육체적으로 병들었다는 뜻이 있다. 역대하 14장을 보면 유다 왕 아사의 행적이 나타나 있다. 아사 왕은 처음에 하나님의 뜻을 구하면서 왕정을 잘 펼쳤다. 아사는 하나님의 마음에 아주 합당한 왕이었다. 그는 왕위에 즉위하자마자 선과 정의를 따라 하나님의 의를 행하였다. 이방의 제단과 신상을 다 없애버리고 주상을 훼파하고 아세라 상을 찍어 버렸다.

또한 유다의 온 족속들에게 하나님이 주신 말씀, 곧 율법과 명령을 행하도록 하였다. 그리고 문제가 있으면 하나님께 구하도록 훈련을 시컸다. 그는 자신이 먼저 하나님 앞에서 기도하고 이를 실천하였다.

그가 왕이 되어 통치하던 39년 동안 하나님께서 태평성대를 이루게 해주셨다. 하나님이 지켜 주셨기 때문에 주변에 있는 강대국도 유다를 공격할 수 없었다. 아사 왕의 이와 같은 선함을 보시고 하나님은 그에게 '평안'을 주시고 그의 삶을 거룩한 길로 인도하셨다.

그러나 아사 왕은 행복하고 너무 편안한 생활에 젖다 보니 하나님과는 잘못된 방향으로 나아가고 말았다. 결정적일 때 아사 왕은 하나님의 도우심을 구하는 기도를 저버리고 말았다. 어느 날 아사 왕은 그만 병이 들었다.

> 아사가 왕이 된 지 삼십구년에 그 발이 병들어 심히 중하나 병이 있을 때에 저가 여호와께 구하지 아니하고 의원들에게 구하였더라 (대하 16:12).

발병은 아사 왕이 하나님을 멀리하자 빨리 돌아오라는 신호였다. 하나님께 도우심을 구하라는 사인이었다. 그러나 끝내 아사 왕은 하나님께 먼저 구하지 않고 인간적인 모든 방법과 수단을 구했다. 의사가 필요하지 않다는 것이 아니라 먼저 하나님을 철저히 의지해야 한다는 것이다.

치유사역에서 가장 중요한 것은 평안이다. 평안을 끝까지 유지하는 것이 능력이다. 평안이 내 안에서 충만하게 흘러 넘치게 하려면 거룩,

곧 성결 밖에는 다른 방법이 없다. 하나님 앞에 깨끗한 삶을 살지 못하면 하나님의 능력인 평안은 우리 속에서 사라진다. 죄 가운데 놓여 불평하면서 영, 혼, 육 어느 부분이든 하나님 앞에서 거룩하지 못하다면 평안은 금방 사라지고 만다.

그렇다면 우리는 어디까지 평안해질 수 있을까? 하나님은 너무나 크시기 때문에 그분이 공급하시는 평안은 끝이 없다. 거룩하고 성결한 삶은 죄악을 물리칠 수 있는 힘이다. 거룩한 삶은 성령께서 함께 하실 때에만 가능하다. 이것은 능력 가운데 최고의 능력이다.

예수님이 십자가에서 죽으시고 무덤에서 부활하신 것은 무엇 때문인가? 예수님은 죄가 없으시기 때문에 사망 권세를 물리칠 수 있는 능력을 갖고 계셨다. 그분은 우리에게 이 능력을 부어 주시기 위해 십자가에서 죽으시고 무덤에서 부활하신 것이다.

이것이 바로 성령의 능력이다. 성령의 능력을 받으면 죄악을 물리칠 수 있는 힘이 생긴다. 성령의 능력이 우리 가운데 역사하지 않으면 언제든지 죄악이 우리를 넘어뜨린다. 그래서 우리가 얼마나 주님을 잘 섬기고 평안한 삶을 살아갈 수 있느냐는 얼마나 거룩하고 성결한 삶을 사느냐에 달려 있다. 내 힘이 아닌 하나님의 능력이 나를 붙들고 그 능력으로 인도함을 받을 때 거룩을 말할 수 있다.

머리에서 죄된 생각들이 스치는 것도 거룩을 파괴시키는 요인이다. 분노나 음란한 생각, 질투, 시기는 우리의 거룩을 좀먹는 암적인 요소이다. 이런 생각들이 틈타지 못하도록 막아야 한다. 그 능력도 성령을 통해 우리에게 부어 주신다.

유다 왕 여호람은 악한 왕이었다. 그는 아버지 여호사밧이 자신에게 왕위를 물려주고 동생들에게는 은금과 보물과 견고한 성읍을 주었음에도 절대 권력을 확보하기 위해 동생들을 몰살시키는 범죄를 저질렀다. 그는 또한 북왕국 이스라엘의 악한 왕 아합의 딸을 아내로 맞아 하나님 보시기에 악을 행했다. 게다가 유다의 여러 산에 산당을 세워 예루살렘 거민으로 하여금 음란한 우상을 섬기게 하였다. 이때 하나님은 선지자 엘리야를 통해 그의 앞날을 알리는 편지를 보내셨다.

> 또 너는 창자에 중병이 들고 그 병이 날로 중하여 창자가 빠져 나오리라 하셨다 하였더라(대하 21:15).

둘째, 홀리는 물리적으로 병들었다는 뜻이다. 대개 오늘날 의사를 찾아가 치료하는 부분은 바로 물리적인 질병이다.

악한 왕 아합이 죽고 난 뒤 이스라엘에는 아하시야가 왕위에 올랐다. 그 역시 하나님을 찾는 대신 우상에게 도움을 구했다.

> 아하시야가 사마리아에 있는 그 다락 난간에서 떨어져 병들매 사자를 보내며 저희더러 이르되 가서 에그론의 신 바알세붑에게 이 병이 낫겠나 물어 보라 하니라(왕하 1:2).

그 당시는 아합 왕의 전례를 따라 온 백성들이 우상에게 절하는 것이 관행이었고 일반화된 문화였다. 그때 엘리야에게 아하시야에 대한 하나님의 말씀이 임했다.

그러므로 여호와의 말씀이 네가 올라간 침상에서 내려오지 못할지라 네가 반드시 죽으리라 하셨다 하라 엘리야가 이에 가니라(왕하 1:4).

우리는 여기서 귀중한 영적 교훈을 얻을 수 있다. 한 나라의 리더가 하나님을 멀리하고 우상을 섬기면 그 나라는 반드시 하나님의 심판을 받게 된다. 교회도 마찬가지다. 리더가 얼마만큼 영적으로 깨어 있느냐에 따라 그 공동체의 건강성이 결정된다. 중보 기도자들이 리더십을 위해 기도하는 것이 얼마나 중요한지를 깨닫게 된다. 분명한 것은 지금 우리 나라에도 우상을 섬기는 사람들이 많다는 사실이다. 이러한 현실을 비관할 필요는 없다. 다만 그들을 위해 구체적으로 기도해야 한다.

- 할라(hala, חָלָה)

그리고 질병을 뜻하는 단어로 '할라'가 있다. 할라는 '아프게 되다', '현기증을 일으키다'라는 뜻이다. 이 단어가 가리키는 몇 가지 의미를 살펴보자.

첫째, 마음의 병이다. 두려움과 공포로 인해 마음의 병이 생긴다. 현대 의학은 질병의 70~80퍼센트 이상이 마음에서부터 시작된다고 본다. 마음이 상하면 피부까지 상한다. 반면에 마음이 건강하면 얼굴이 빛난다.

요즘 들어서는 디스크나 관절염 등 특히 뼈에 통증을 호소하는 사람들이 많다. 사람은 일생 동안 약 80퍼센트 정도가 한 번 이상은 디스크 곧 허리통증으로 고통을 받는다고 한다. 최근 허리통증이 점차 증가되어가는 추세에 있는데 그 원인 중 하나는 옛날에 비해 하는 일이나 생활방식이 많이 달라졌기 때문이다.

교통수단의 발달로 말미암아 서 있거나 걸어다니는 일이 줄었고 컴퓨터의 보급으로 앉아서 일하는 경우가 늘고 움직이는 일이 적어져 척추를 받쳐 주는 근육을 더욱 강화할 수 있는 운동의 기회가 많이 줄어들었기 때문이다. 또한 평균 수명의 증가로 고령화에 따른 신진대사의 감소와 척추 또는 그 주위 조직의 퇴행성 변화나 변성이 생겨 허리의 통증을 일으킨다.

류마티스 관절염은 관절에 통증, 뻣뻣함(강직), 종창(관절이 붓는 것)을 보이며 관절 기능의 상실을 가져오는 만성 염증성 질환이다. 관절 이외에도 허파나 눈, 침샘, 신경 등에도 만성 염증에 의한 변화가 나타난다. 의사들은 우리 나라 전체 인구의 10~20퍼센트 정도가 관절염 환자인 것으로 추정하고 있는데, 그 가운데 류마티스 관절염 환자는 전 인구의 1퍼센트가 넘을 것으로 추정한다.

이처럼 생각보다 많은 사람이 뼈의 통증을 앓고 있는 셈이다. 이러한 질병은 의학적으로 잘 치유되지 않는다. 관절염 약을 먹다보면 위장이 나빠지고, 위장을 보호하는 약을 먹다 보면 또 다른 곳에 질병이 생긴다. 그렇게 세월이 지나면 여러 가지 합병증 증세들이 나타나게 된다.

디스크는 대개 남자들에게 많은 데 비해 관절염은 여자들에게서 많이 나타나고 있다. 그 이유를 말씀에서 찾을 수 있다. "마음의 즐거움은 양약이라도 심령의 근심은 뼈로 마르게 하느니라"(잠 17:22). 남편 때문에 속을 썩는 가정 주부들이 늘고 있다. 남편이 외도하거나 도박에 중독되면 그 가정은 걷잡을 수 없는 파멸의 길로 치닫게 된다.

얼마 전 기도로 치유받은 한 부인에게 있었던 일이다. 남편은 경제 위기를 맞아 회사 문을 닫아야 했고 집에는 융자받은 돈으로 생활비를 갖다 주고 있었다. 어느 날 융자조차도 받을 수 없게 되자 가정의 모든 것을 잃게 되었다. 그러자 부인이 덜컥 병에 걸렸다. 부인은 소망을 잃고 낙심하는 가운데 자녀들의 미래도 불투명하게 된 상황이 부인의 영혼을 억누른 것이다. 자연히 심령은 침체되고 마음의 병이 몸의 질병으로 전이되었다. 이런 사람들은 대개 뼈 부분에 심한 통증을 느낀다. 심령에 너무 큰 충격이 가해지면 뼈와 심장이 치명적으로 약해진다. 그래서 조금만 관심을 쏟아도 심장이 두근두근 뛰고 마음이 약해진다. 삶의 의욕은 떨어지고 몸과 생각까지도 약해진다.

사업을 하다가 부도를 당하거나 사기를 당한 사람은 돈이 없어진 것보다 마음의 상처가 더 심각하다. 사업이 회복되면 괜찮아질 것 같지만, 누군가를 죽이고 싶거나 마음속에 증오가 가득하다면 외적인 것이 회복되어도 하나님의 인도를 받기가 어렵다. 치유받고 회복되어야 은혜를 받을 수 있다.

중보 기도자는 문제가 아무리 크게 보인다 할지라도 영향을 받지 않도록 기도해야 한다. 심령이 연약할 때 중보기도는 회복의 지름길이다.

모든 경우가 그렇다고 볼 수는 없지만, 관절에 문제가 있는 분들은 대부분 심령의 근심을 갖고 있는 사람들이었다. 뼈가 마르면 피가 만들어지지 않는다. 백혈병은 백혈구의 이상으로 생기는 질병으로서 골수에서 조혈세포를 만들지 못해 죽음에 이르는 병이다. 뼈에 통증을 갖고 있는 사람들은 피가 제대로 돌지 않아 몸이 차갑다.

육신의 질병이 아무리 중할지라도 마음에 하나님의 평강이 넘치면 이것은 문제가 되지 않는다. 건강하고 매일 근심에 싸인 사람보다는 차라리 육신이 약해도 하늘의 기쁨이 충만한 사람이 하나님의 영광을 나타내는 경우가 더 많다. 관절이나 뼈에 고통받는 사람들은 마음의 치유가 이루어지지 않으면 약을 먹어도 그 병이 지속된다.

> "마음의 즐거움은 얼굴을 빛나게 하여도 마음의 근심은 심령을 상하게 하느니라"(잠 15:13).

질병이 치유되어 호전되는 사람들의 특징은 웃는다는 것이다. 그들은 환경에 관계없이 즐거워하고 기뻐한다. 환경이 좋을 때 웃는 것은 누구나 할 수 있다. 그러나 그것에 상관없이 웃을 수 있는 것, 기뻐할 수 있는 것은 하나님이 주신 능력이다. 이 능력은 만사형통을 이룬다. 항상 밝은 사람에게는 자주 가고 싶어진다. 마음이 편안하고 기쁨이 넘치면 심각한 사람도 기뻐진다.

둘째, 전쟁에서 겪은 상처다.

> 요람 왕이 아람 왕 하사엘과 싸울 때에 라마에서 아람 사람에게 맞아 상한 것을 치료하려 하여 이스르엘로 돌아왔더라 아합의 아들 요람이 병이 있으므로 유다 왕 여호람의 아들 아하시야가 이스르엘에 내려가서 방문하였더라(왕하 8:29).

이 구절은 아합의 아들이 전쟁에서 부상을 입고 당시 왕의 별궁이 있던 이스르엘로 내려가서 치료를 받는 내용이다. 요즘도 전쟁에서 받은 상처 때문에 고통받는 사람들이 많다. 전쟁터에서 몸을 다친 것보다 그때 겪은 두려움과 공포가 얼마나 큰지 전쟁이 끝난 뒤에도 마음의 상처와 아픔이 남아 있는 경우가 있다. 전쟁의 후유증은 일이 년 사이에 사라지지 않는다. 이것이 치료되지 않으면 본인은 물론 다음 세대까지 영향을 미친다.

미국에 사는 A권사는 요즘 교회를 돌아다니면서 춤을 추고 다닌다. 그러나 얼마 전까지만 해도 교회를 두 바퀴만 돌면 다리가 아파서 앉아 있어야 할 정도로 몸이 약한 분이었다. 그런데 하나님의 치유를 받고는 두세 시간씩 뛰면서 찬양하며 춤을 추어도 날아갈 것 같다고 한다. 그분의 남편은 미국인으로서 6·25 한국 전쟁 때 참전해 시력을 완전히 잃었다고 한다. 남편은 전쟁 때 당한 부상으로 일생 동안 정부에서 지급하는 연금으로 생활하고 있었다.

그 집을 심방했을 때 남편은 오르간을 치면서 기쁨으로 찬양하고 있었다. 집안의 멋진 인테리어를 모두 남편이 직접했다고 했다. 수도 놓고 화초도 가꾸며 목수 일을 해 집에서 필요한 것들을 직접 만들었다는 데 얼마나 잘 해놓았는지 놀랍기만 했다. 저녁 식사를 마치고 그분의 간증을 듣게 되었다. 처음 두 눈을 잃었을 때는 자신의 인생을 완전히 포기했지만 예수님을 만나 얼마나 좋은 지 모른다고 했다. 그래서 지금은 매일 천국 같은 삶을 살고 있다고 했다. 그분의 삶은 전쟁에서 받은 상처가 그리스도 안에서 아름답게 신앙으로 승화된 한 편의 드라마였다.

셋째, 육체적 손상으로 오는 질병이다. 몸이 병들어 육체가 파괴되어 가는 줄도 모르고 사는 사람들이 얼마나 많은지 모른다. 육체의 어느 한 부분이 상처를 받게 되면 사람의 신체는 많은 영향을 받는다. 태어날 때 가진 몸 그대로 아무런 손상없이 사는 것도 하나님의 복이다.

> 네가 스스로 말하기를 사람이 나를 때려도 나는 아프지 아니하고 나를 상하게 하여도 내게 감각이 없도다 내가 언제나 깰까 다시 술을 찾겠다 하리라(잠 23:35).

사람들이 스트레스를 잊으려고 술을 마시거나 마약을 복용한다. 우리 나라도 마약 문제가 점점 더 심각해지고 있다. 마약은 환각 상태로 들어가 현실을 잠시 잊어버리나 깨면 다시 현실로 돌아와 이를 반복하게 되는데 결국 폐인이 된다. 그래서 마약은 망국병이라고 한다.

넷째, 낙상으로 다치게 되는 것이다. 앞에서 아하시야가 다락 난간에서 떨어져 병들었음을 살펴보았다.

다섯째, 다양한 원인의 질병이 있다. 창세기 48장 1절에서는 병들어 죽는 야곱의 모습을 볼 수 있다.

> 이 일 후에 혹이 요셉에게 고하기를 네 부친이 병들었다 하므로 그가 곧 두 아들 므낫세와 에브라임과 함께 이르니(창 48:1).

하나님은 이사야 선지자를 통해 히스기야 왕이 죽을 예언하셨다.

> 그때에 히스기야가 병들어 죽게 되매 아모스의 아들 선지자 이사야가 저에게 나아와서 이르되 여호와의 말씀이 너는 집을 처치하라 네가 죽고 살지 못하리라 하셨나이다(왕하 20:1).

그러나 히스기야 왕은 그 말을 듣고 벽을 향해 하나님 앞에 살려달라고 간절히 기도한다. 그때 하나님은 히스기야 왕의 간절한 기도를 듣고 응답하셨다. 이사야 선지자를 통해 "히스기야의 생명을 15년 동안 연장시켜 주겠다"고 말씀하셨다. 성경은 우리가 병들어 죽게 되었을 때 간절히 부르짖는 간구에 응답하시는 하나님을 보여 주고 있다.

치유받고 나면 남은 생애를 하나님께 온전히 드리는 사람이 있는가 하면 그렇지 못한 사람도 있다. 우리가 육체적으로 병든 부분을 하나님께 치유받고 나면 끝까지 하나님의 영광을 위해 살아야 한다. 그런데 우리는 하나님이 우리에게 부어 주신 은혜가 얼마나 큰지 잊고 살아갈 때가 많다. 혹시 우리의 육체에 불편함이 있더라도 하나님의 일이 늦춰지면 안 된다. 사도 바울은 가시가 있었지만 오히려 이 일로 인해 하나님 앞에 겸손해질 수 있었다.

- 마콥(macob, מַכְאוֹב)

또한 질고라는 뜻을 담은 단어로 '마콥'이 있다.

> 그는 멸시를 받아서 사람에게 싫어버린 바 되었으며 간고를 많이 겪었으며 질고를 아는 자라 마치 사람들에게 얼굴을 가리우고 보지 않음을 받는 자 같아서 멸시를 당하였고 우리도 그를 귀히 여기지 아니하였도다(사 53:3).

예수님은 과거, 현재, 미래의 모든 인류의 죄를 대신해 십자가에 달리셨다. 그때 주님은 우리의 모든 질병과 질고를 다 담당하셨다. 질고란 무엇을 말하는가?

첫째, 질고는 질병으로 인한 고통이다. 즉 잠깐 아프다가 낫는 것이 아니라 아픔이 지속되어 오랫동안 마음이 침체되고 소망을 잃어버린 상태다. 많은 그리스도인들이 예수님께서 많은 병자들을 치유하신 사실을 믿는다. 그리고 지금도 하나님이 병자를 치유하실 능력이 있으신 것도 믿는다. 그럼에도 그들은 질병의 문제에 직면했을 때 갈등하곤 한다. "기도로 병을 고쳐야 하나? 병원에 가서 병을 고쳐야 하나?" 하나님께서 원하시는 것은 의사를 통해 치유될지라도 간구하기 원하신다.

둘째, 질고는 마할레(mahaleh, מַחֲלֶה) 곧 허약한 질병을 말한다. 겉은 멀쩡한데 힘을 쓰려고 하면 기운이 없는 상태이다.

마태복음 4장에 보면 예수님께서 천국 복음을 전파하시고 질병과 모든 약한 자들을 고치셨다고 하셨다. 그리고 제자들을 두 명씩 짝을 지어 내보내실 때 이 권능을 주셨다.

또한, 마할레는 병이나 상처를 말한다.

> 사람의 심령은 그 병을 능히 이기려니와 심령이 상하면 그것을 누가 일으키겠느냐(잠 18:14).

구약에서는 대개 외적으로 나타나는 질병들에 대해 많이 이야기한다. 반면 잠언서는 심령과 마음을 강조한다. 마음에 평강과 기쁨이 있으면 90세가 되어도 건강하게 살아갈 수 있다. 그러나 심령이 상해 있으면 육신이 건강할지라도 보장을 받지 못한다. 마음에 상처와 분노,

악한 생각들로 가득 차 있다면 심령이 병들었다는 징조다. 사람들은 깊은 상처를 받으면 종종 자기 자신을 무가치한 존재로 여긴다. 이런 감정이나 생각은 하나님께로부터 온 것이 아니다. 그것은 거짓의 아비요, 참소자요, 파괴자인 사탄에 근원을 두고 있다. 하나님의 능력이 임하고 성령이 주장하면 우리의 심령이 하나님의 기쁨과 평강으로 가득 찬다.

구약에 나타난 치유

구약에 '라파'(rapa, רָפָא)라는 말이 있다. 라파는 '치유하다', '고치다', '수선하다', '화평케 하다'는 의미를 담고 있다.

'치료하는 하나님'은 여호와 라파다. 이것은 하나님의 역사로 정상적으로 회복되는 것을 말하는데, 몸의 질병뿐 아니라 자연 환경도 하나님이 치유하실 수 있다.

또한 하나님은 부족한 우리를 고치고 수리해서 쓰신다. 그러므로 내 안에 있는 능력을 보고 하나님의 일을 하려고 하면 안 된다. 나와 함께 하시고 내 안에서 역사하시는 그분을 의지하는 믿음으로 해야 한다.

하나님과 화평하지 못하면 영적으로 병들고, 마음과 화평하지 못하면 심령이 병들며, 자연과 화평하지 못하면 육체가 병든다. 통계에 따르면 아파트의 경우 20층 이상은 땅의 기운을 받지 못해 건강에 좋지 않다고 한다.

가라사대 너희가 너희 하나님 나 여호와의 말을 청종하고 나의 보기에 의를 행하며 내 계명에 귀를 기울이며 내 모든 규례를 지키면 내가 애굽 사람에게 내린 모든 질병의 하나도 너희에게 내리지 아니하리니 나는 너희를 치료하는 여호와임이니라(출 15:26).

구약에서 '치유'는 크게 두 가지로 나뉜다.

국가적 회복

첫 번째는 국가적인 회복이다. 2,500년 전에 하나님은 상처받고 있는 하나님의 백성들을 위한 하나님의 사랑을 예레미야를 통해 기록하게 만드셨다. 예레미야의 마음속에 가득한 고통의 소리를 들어보라.

딸 내 백성이 상하였으므로 나도 상하여 슬퍼하며 놀라움에 잡혔도다 (렘 8:21)

예레미야는 왜 고통스러워 했을까? 그들의 상처가 너무 컸기 때문일까? 아니다. 그들의 상처가 치유받을 수 있었는데도 하나님의 백성들은 그것을 알지 못했기 때문이다.

아니 어쩌면 그들은 어디로 가야 할지 알면서도 이런 저런 이유를 대며 그리로 가지 않았는지도 모른다. 이때 예레미야는 비탄의 소리를 발한다.

> 길르앗에는 유향이 있지 아니한가 그곳에는 의사가 있지 아니한가 딸
> 내 백성이 치료를 받지 못함은 어찜인고(렘 8:22).

하나님 앞에 나라가 범죄하면 하나님은 나라 전체를 징계하신다. 지도자가 범죄하면 그 지도자에게 징계가 임하고 결국은 나라 전체에 영향을 미친다. 하나님이 이스라엘 백성에게 진노하시거나, 주변의 악한 세력들이 대적해 올 때 막아 주지 아니하시면 국가적으로 고통이 왔다. 하나님은 전국가적으로 치유되기를 원하신다. 하나님이 택한 백성들이 겸비하여 하나님의 의를 구하고 회개하면 집단적으로 치유의 역사가 일어났다. 불평, 불만하면 하나님이 주시는 축복을 누리지 못한다.

> 오라 우리가 여호와께로 돌아가자 여호와께서 우리를 찢으셨으나 도로
> 낫게 하실 것이요 우리를 치셨으나 싸매어 주실 것임이라(호 6:1).

개인의 치유

첫째, 개인적 치유에 쓰이는 할람(halam, חלם)은 '강건하다' '건강하다'는 뜻이다.

> 여호와여 주는 나의 찬송이시오니 나를 고치소서 그리하시면 내가 낫겠
> 나이다 나를 구원하소서 그리하시면 내가 구원을 얻으리이다
> (렘 17:14).

구약뿐 아니라 신약에서도 구원과 치유는 항상 같은 의미로 취급된다. 그래서 예수님도 병든 자를 치유하실 때 "주여 나를 구원하소서"라고 외치면 "네가 고침을 받았으니 평안히 가라. 네가 구원을 받았으니 평안히 가라"고 말씀하셨다. 구약시대에 하나님께 징계 받은 자는 주로 문둥병에 많이 걸렸다. 문둥병이 걸리면 따로 격리시켜 놓았다. 그 문둥병이 치유될 때 '구원받았다' 또는 '치유되었다'는 말을 쓰고 있다.

둘째, '아루카' (aruka, ארוכה)도 개인 치유에 사용된 말이다. 이 단어에는 두 가지 의미가 있다. 그 하나는 성전 벽의 복구를 말한다. 구약에서 하나님이 거하시는 곳이 성전이었다. 그런데 오늘날은 예수 믿는 사람들이 곧 성전이다. 예수 믿는 사람들의 치유는 곧 아루카다. 구약의 치유와 신약에서 말하는 의미의 차이를 이해할 수 있어야 한다. 느헤미야는 성전이 다 허물어지고 훼파되었을 때 다시 그 성전을 복구하면서 '아루카'라는 말을 했다.

> 공장들이 맡아서 수리하는 역사가 점점 진취되므로 하나님의 전은 이전 모양대로 견고케 하니라(대하 24:13).

그러나 오늘날에는 예수 믿는 사람들이 성전이다. 그러므로 교회 안에서 마음이 병들어 있고 심령이 상해 있거나 병든 사람이 있을 때 그것은 구약에서 성전 벽이 허물어진 것과 똑같은 상태이다. 신앙생활도 마찬가지다. 어느 한 부분이 허물어졌을 때 그 부분을 회복시키고 하나님의 역사를 기대해야 한다.

이스라엘 백성들이 범죄함으로 포로로 잡혀갈 때 성전벽도 다 허물어지고 훼파되었다. 악한 영에게 지배받을 때 성전은 허물어진다. 느헤미야는 이방 땅에서 포로가 되어 종의 신분으로 태어났지만, 하나님의 축복으로 장관급까지 올랐다. 그는 예루살렘 성전이 훼파되었다는 소식을 듣고 왕의 허락을 받아 성전복구에 나섰다.

교회가 건강해야 세상에서 승리할 수 있다. 개인적으로 심령이 강건해야 세상을 지배할 수 있고 지혜를 사용할 수 있다. 마음에 무너진 부분, 침체된 부분이 있다면 회복시켜 달라고 하나님께 간구하라. 특히 지도자는 마음의 상처를 치유받아야 한다. 그렇지 않으면 많은 사람에게 상처를 준다.

오늘날 교회는 너무나 연약하다. 세상에서 성도는 제 목소리도 내기 힘들다. 어디 가든지 꾹 참고 견뎌야 한다. 그러나 그것이 진정 패배한 삶일까. 사람의 방법으로는 졌지만 하나님의 방법으로는 승리가 보장된 것이 성도의 삶이다. 하나님은 회복시켜 주신다.

문제는 세상에서도, 하나님 방법에서도 패배하는 삶이다. 예수 믿는 사람이 형편없이 되는 이유가 여기에 있다. 세상은 그렇게 호락호락하지 않다. 그런 분위기라면 사회 변혁은 멀기만 하고 하나님의 나라는 임하지 않는다. 믿음의 지도자들이 나올 수도 없다.

치유는 단순히 아픈 사람을 고치는 것만을 말하지 않는다. 하나님의 사람들을 계속 일으켜 세우는 일이다. 이것은 치유의 가장 중요한 사역이다. 가정도 치유되어야 할 부분들이 많다. 가정은 인간의 행복을 담는 그릇이다. 사탄은 사회를 무너뜨리기 전에 가정을 먼저 공격한다. 교회를 무너뜨리기 전에 가정을 황폐화 시킨다. 행복을 담는 가정이라는 그릇이 파괴되면 인간은 최고의 문화적 혜택과 문명을 누리면서도 행복하지 못하다.

가정의 상처는 가족들에게 금방 전이된다. 가족 중 어떤 구성원이 허물어져 버리면 그 가정의 평강은 깨져 버리고 만다. 가족들의 기쁨이 사라지고 근심이 쌓이면서 무거운 분위기로 변한다. 가족은 신체의 일부와 같아서 한 사람의 아픔은 곧 가족 모두의 아픔이 된다. 그렇지만 그것을 이길 수 있는 힘은 하나님의 능력이다.

또한 아루카는 상처의 치유 및 회복, 상처난 부위가 새 살이 돋아나서 다시 원상태로 복구되는 것을 말한다. 상처가 있는 사람은 위기가 오면 마치 가시가 돋힌 듯이 서로 부대껴 또 다른 상처를 만들어낸다. 그러므로 상처를 치유하는 것이 급선무다. 마음이 건강해야 위기를 극복할 수 있다.

> 그리하면 네 빛이 아침같이 비췰 것이며 네 치료가 급속할 것이며 네 의가 네 앞에 행하고 여호와의 영광이 네 뒤에 호위하리니(사 58:8).

"네 치료가 급속할 것"이라는 말씀은 상처가 빨리 회복된다는 뜻이다. 부흥의 불길이 거세게 타오르고 있는 아르헨티나에서는 요즘 이가 깨지고 썩은 사람들이 기도 받고 원상태로 복구되는 역사가 일어나고 있다. 이것을 '창조의 기적'(creation miracle)이라고 한다. 이 사건은 너무나 놀라운 일이기 때문에 치과의사들은 그 기적을 맛본 사람들이 죽을 때 치아를 연구하려고 한다. 하나님은 이런 방법으로도 역사하신다.

셋째, '마르페'(marpe, מַרְפֵּא)에도 '치료'라는 의미가 들어 있다. 여기에는 두 가지 뜻이 있는데, 그 하나는 국가적 재난의 치료를 뜻하는 말로 쓰인다.

> 우리가 평강을 바라나 좋은 것이 없으며 고치심을 입을 때를 바라나 놀라움뿐이로다(렘 8:15).

하나님은 과거에 손해본 것, 재난받은 것도 고쳐 주신다. 국가적인 치료를 이런 방법으로 하신다. 그러므로 전쟁에서 폐허가 되었다 할지라도 하나님이 축복하시면 더욱 위대한 나라를 건설할 수 있다. 두 차례 세계대전을 일으킨 독일은 전쟁의 잿더미 속에서 '라인강의 기적'을 일궈냈다. 그리고 사상을 달리한 채 40년의 분단을 극복하고 지금도 세계 강대국의 위상을 지니고 있다. 이 모든 것이 종교개혁 등 기독교 신앙의 뿌리를 박은 독일을 하나님이 치유하신 결과이다.

일제 때 신사참배와 교회의 분열로 말미암아 발발한 6·25 한국전

쟁은 '고요한 아침의 나라'를 완전히 피폐화시켰다. 그러나 하나님은 그 고통 중에서도 우리 나라에 대한 긍휼을 잊지 않으셨다. 개발도상국 중에서 가장 빠른 경제성장률을 기록하면서 홍콩, 대만, 일본 등과 함께 아시아의 발전에 견인차 역할을 감당하였다.

이처럼 하나님은 독일과 한국처럼 국가적 재난을 치료하신다. 우리 나라는 요즘 경제 위기를 맞아 어려움을 겪고 있는데, 사실 경제 위기보다 더 심각한 문제는 문화의 위기, 교육의 위기다. 교육이 잘 되면 미래에 소망이 있다.

요즘 오늘의 운세를 보는 사람, 점을 보는 사람이 늘어나는 것은 내일에 소망이 없기 때문이다. 교회가 내일에 소망을 주지 못하면 이런 일이 끊어지지 않는다. 또한 마르페는 개인의 건강과 축복이란 뜻이 있다.

> 그것은 얻는 자에게 생명이 되며 그 온 육체의 건강이 됨이니라
> (잠 4:22).

우스 땅에 사는 의로운 사람 욥은 7남 3녀와 많은 가축을 가진 부자요, 행복한 사람이었다. 그런데 사탄이 하나님의 허락을 받아 그로 하여금 그 자녀들이 일시에 죽고 많은 재산을 잃어버리고 자신은 심한 종기가 나고 아내에게 멸시를 받는 큰 고난을 받게 만들었다. 그러나 그러한 고난 속에서도 욥은 믿음으로 잘 견디고 이겼다. 그리하여 끝내

는 이전보다도 더 많은 재산과 훌륭한 자녀의 축복을 받았으며 장수의 복까지 받았다. 인간이 고난 앞에서 자신을 돌아보고 전능하신 하나님의 구원을 기다리며 간구할 때 하나님은 온전한 회복을 허락하신다.

신약에서 말하는 질병들

첫 번째, '말라키아' (malakia, μαλακία)라는 단어로 마음의 병에 대해서 말하고 있다.

> 저희 마음의 완악함을 근심하사 노하심으로 저희를 둘러보시고 그 사람에게 이르시되 네 손을 내밀라 하시니 그가 내밀매 그 손이 회복되었더라(막 3:5).

요즘 사람들의 마음은 강퍅함이나 완악함 때문에 막혀 있다. 시대와 환경이 변함에 따라서 완악한 부분이 자꾸 생긴다. 그래서 전처럼 쉽게 전도가 잘 안 된다. 먼저 나 스스로 주님 앞에 완악한 부분이 무너져야 한다. 그리하여 하나님의 온유함과 능력으로 채워져야 한다. 나의 완악한 부분을 변화시키면 내 주위에 있는 사람이 변화된다. 한 사람이 바로 설 때 그 주변에 있는 수많은 사람들이 하나님 나라를 위해 귀하게 쓰임 받게 된다.

예수님은 마음이 완악한 자에게 치유의 역사를 나타내지 않으셨다.

고향에 가셨을 때 사람들은 예수님이 요셉의 아들이라는 것을 알고 예수님께서 하시는 것을 믿지 않았다. 이때 주님은 기적을 많이 베풀지 않으셨다.

하나님은 오늘날 어떤 사람에게 기적을 베풀어 주시는가? 사복음서에는 예수님께 치유받은 사람들의 공통점이 나타나고 있다. 그것은 믿음이었다. 가버나움에 들어오신 예수님은 백부장의 종의 병을 고쳐주셨다.

누가복음 7장에 등장하는 백부장은 사랑하는 종이 병들어 죽게 되어 예수님에 대한 소문을 듣고 유대인 장로 몇을 보내 예수님을 청하기에 이른다. 백부장은 군대 계급으로서 100명의 부하를 지휘하는 장교였다. 특히 당시는 로마 군대가 이스라엘을 점령 주둔하고 있었다. 따라서 백부장은 로마군대 장교였으며 유대인이 아닌 이방인이었다. 백부장의 종은 중풍병자였다(마 8:6). 예수님은 장로들이 와서 하는 백부장의 전후 사정 이야기를 듣고는 긍휼히 여기사 그 집을 향해 발길을 옮기셨다.

그때 백부장은 다시금 친구들을 예수님에게 보내어 주님이 자기 집에 오는 것을 마다한다. 즉, 예수님이 오시는 것도 감당할 수 없고 자기가 예수님 앞에 나가는 것도 감당할 수 없다는 것이었다. 다만 예수님이 말씀만 하시면 하인의 병이 나을 것이라는 반응을 보였다. 이에 예수님은 백부장의 행동에 감탄하셨고 이스라엘에서 그만한 믿음을 만나보지 못했다며 백부장의 믿음의 행위를 칭찬하셨다. 백부장의 종이 강건해졌음은 물론이다.

또한 마태복음 20장에는 고침을 받은 소경 둘이 등장한다. 예수님은 예수님을 좇는 큰 무리와 함께 여리고를 떠나고 있었다. 그때 소경 둘이 길 가에 앉았다가 예수님이 지나가신다는 소식을 듣고 "주여, 우리를 불쌍히 여기소서 다윗의 자손이여" 하면서 소리를 질렀다. 무리들은 그 소경들을 "잠잠하라"고 꾸짖었다. 그러자 소경들은 더 큰소리로 "주여, 우리를 불쌍히 여기소서 다윗의 자손이여" 하고 외쳤다. 주님은 머물러 서서 "너희에게 무엇을 하여 주기를 원하느냐" 물으셨고 소경들은 "눈뜨기를 원하나이다"라고 대답하자 민망히 여기시며 눈을 만지셨다. 소경들은 보는 축복을 받았다.

누가복음 8장에는 열두 해 동안 혈루증을 앓는 여인이 등장한다. 그 여인은 "이는 내가 그의 옷에만 손을 대어도 구원을 얻으리라"(막 5:28)는 믿음이 있었다. 오직 주 예수 그리스도만이 자신의 문제를 해결해 주실 수 있다는 견고한 믿음을 가지고 있었다. 아무에게도 고침 받지 못한 고약한 질병인 혈루증이라 할지라도 주님에게는 아무런 문제도 되지 않는다는 확신이 그녀의 가슴에 자리잡고 있었던 것이다.

그 여인은 주님께 엎드려 고쳐달라고 직접 간청하지 않았다. 다만 주님의 옷이라도 살짝 만지면 자신의 병이 깨끗이 나을 것이라는 확신만이 있었다. 그것은 그저 자신이 주님의 옷 가장자리라도 만지는 것만으로도 충분하다는 독특한 믿음이었다. 믿음으로 주님께 나아가 행여 남들이 볼세라 살짝 주님의 옷을 만지는 순간 주님으로부터 능력이 나와 이 여인을 덮었다. 자신의 몸 속으로 느껴지는 예수 그리스도의 능력은 자신의 몸을 괴롭히고 있던 혈루증의 뿌리를 순간적으로 뽑아냈다. 믿음이 그녀를 구원하였던 것이다.

중요한 것은 주님 앞에 고침 받고자 하는 간절한 소원을 가져야 한다는 사실이다. 기도도 마찬가지이다. 왜 우리가 기도하는가? 응답받고 주님의 뜻을 알기 위해서다. 하나님께서 말씀하신 그 약속의 말씀이 나를 통해 이루어지도록 절대적인 전능자의 능력을 붙들고 기도해야 한다. 하나님은 마음의 중심을 감찰하고 계신다. 믿음의 분량은 무엇인가? 그것도 우리 마음의 중심이다. 하나님은 절대 외모로 사람을 평가하지 않으신다. 하나님은 역사를 이루어 가실 때 인간적인 역량을 고려하지 않으신다. 그 사이 얼마나 많이 아느냐, 얼마나 많이 배웠느냐, 얼마나 똑똑하냐는 관심이 없다. 다만 믿음에서 흔들리지 아니하고 하나님을 신뢰하고 살아갈 때 기적을 베푸신다.

> 오직 믿음으로 구하고 조금도 의심하지 말라 의심하는 자는 마치 바람에 밀려 요동하는 바다 물결 같으니 이런 사람은 무엇이든지 주께 얻기를 생각하지 말라 두 마음을 품어 모든 일에 정함이 없는 자로다 (약 1:6~8).

하나님은 어떤 사람에게 이 시대를 향한 비전을 주시는가? 하나님을 신뢰하고 믿고 마음 중심을 온전히 그분에게 다 드리는 사람, 그 사람에게 하나님의 비전을 주신다.

두 번째, 카코스(kakos, κακός)로 나쁜 병이나 악령에 들려 있는 상태를 말한다.

> 그 온 지방으로 달려 돌아다니며 예수께서 어디 계시단 말을 듣는대로 병든 자를 침상 채로 메고 나아오니 아무 데나 예수께서 들어가시는 마을이나 도시나 촌에서 병자를 시장에 두고 예수의 옷 가에라도 손을 대게 하시기를 간구하니 손을 대는 자는 다 성함을 얻으니라 (막 6:55~56).

악령에 들려 있다는 것은 귀신 들린 상태를 말한다. 이런 상태는 일반적으로 진단하기가 쉽지 않다. 그러나 말씀의 능력과 성령의 빛이 비춰질 때 드러나고 쫓겨 나는 줄 믿기 바란다.

귀신 들림은 귀신에 눌려 있는 상태이고 지배받는 상태다. 눌린 상태에서는 기도도 잘 안 되고 마음이 항상 무거우며 아프지도 않은데 기쁨이 사라진다. 이런 사람은 하나님의 임재 가운데 찬양을 드리면 몸이 상쾌해지고 가벼워진다. 이런 현상이 모두 귀신들린 것은 아니다. 눌린 단계를 지나면 지배받는 상태가 된다. 이 상태에서는 자기도 모르게 자기 이성이 아닌 다른 개성이 나오기 시작한다.

한 번은 어떤 분이 자기 아들이 완전히 정신병에 걸려 있고 악한 영에 눌려 있다고 하면서 데리고 온 적이 있었다. 이 두 가지 상태를 다

소유하고 있는 청년이었는데 부모가 말하기를 "목사님, 지금까지 미국이든 영국이든지 유명하다는 내적 치유 사역에는 다 데리고 다녔는데도 치유받지 못했습니다"라고 하는 것이었다.

많은 경우 귀신 들린 사람이 발작을 일으키면 한 사람은 손을 잡고 한 사람은 다리를 잡고 나중에는 올라가서 누르기도 하는데, 귀신은 힘으로 눌러서 꼼짝 못하는 존재가 아니다. 귀신은 그렇게 해도 다섯 사람, 열 사람도 당해 낼 수 있다. 물리적인 힘이 아니라 예수 그리스도의 이름의 권세를 가지고 장악해야 한다. 그 청년도 가끔씩 발작을 해서 소리를 지르는데 사람들이 깜짝 깜짝 놀랄 정도였다.

이 부분에서 주의할 것이 있다. 축사 사역을 하기 전에 먼저 이 사람에게 축사 사역을 해도 괜찮은지 분별해야 한다. 그 청년의 경우는 사역을 해서 안 될 사람이었다. 왜냐하면 이미 약을 너무나 많이 투여 받아서 의지가 상실된 상태였기 때문이다.

그 청년에게 예수님에 대해서 이야기해 주었다. "하나님의 능력을 붙드세요, 하나님 앞에 구하세요"라고 했지만 싫다고 했다. 다 귀찮다는 것이다. 부모는 사역하기를 간절히 원했지만 약을 가능하면 줄이면서 기도로 보충하다가 나중에 자기 의지가 어느 정도 생겨 예수님을 믿고 "주님, 저를 좀 치유해 주세요"라는 소원을 가질 때까지 기다릴 수밖에 없었다. 그때 사역을 해야 효과적인 치유사역을 할 수 있는 것이다.

중보기도팀을 훈련시키기 위해 1998년도에 어느 집회에 갔을 때 일이다. 그곳에서 찬양하던 한 자매가 갑자기 눈도 깜박거리지 않고 찬양하던 자세 그대로 가만히 서 있는 것이었다. 옆 사람이 흔들어도 움직이지 않아 의무실로 뛰어왔다. 체온을 체크해도 아무런 이상이 없고 맥박도 정상이었다. 의학상으로는 아무런 문제가 발견되지 않았다. 수면제를 투여해 분명히 잠을 자야 되는데도 밤새도록 잠을 자지 않았다.

그것은 절대적으로 악한 영의 역사였다. 그 집회에서 성령의 역사가 강력하게 나타나자 악한 영의 실체가 드러난 것이었다. 사람들은 증상만 보고 어쩔 줄 몰라 하고 있었다. 중보기도팀 전체가 20분 정도 기도하면서 축사 사역을 펼치자 그 자매는 정상으로 돌아왔다. 그 자매는 집안 환경이 너무 어려워 늘 마음이 눌려 있었던 것이다. 자매의 인생에서 어떤 사건이 있었는지는 몰랐지만 하나님께서 그녀를 치료하시는 것을 알 수 있었다. 그 자매는 그날 저녁부터 치유되기 시작해 집회를 마칠 때까지 아무 이상도 없었다. 기도하면서 이런 사람들이 하나하나 치유되기 시작했고 중보기도팀은 집회만을 위해 기도에 전념할 수 있었다.

이런 치유 사역이 없으면 중보기도 사역이 제대로 이루어질 수 없다. 마귀는 어떻게 해서든지 중보기도를 못하게 한다. 그러므로 이러한 치유 사역을 능히 할 수 있는 하나님의 은사와 능력이 우리 가운데 함께 해야 이런 문제들은 가볍게 해결되고 중보기도에만 초점을 맞출 수 있다.

세 번째는 쉰에코(sunecho, συνέχω)로써 질병에 걸리는 것을 말한다.

보블리오의 부친이 열병과 이질에 걸려 누웠거늘 바울이 들어가서 기도하고 그에게 안수하여 낫게 하매(행 28:8).

병에 걸렸을 때 바울은 하나님의 치유를 바라며 기도했을 때 치유되었다. 사역하다 보면 그 지역의 기후나 다른 여러 가지 사정 때문에 아픈 경우가 종종 있다. 그때마다 기도하면 하나님께서 순간순간 회복시켜 주시는 은혜를 체험한다.

네 번째는 아스테네오(astheneo, ἀσθενέω)로 병들어 힘이 없는 상태이다.

예수께서 온 갈릴리에 두루 다니사 저희 회당에서 가르치시며 천국 복음을 전파하시며 백성 중에 모든 병과 모든 약한 것을 고치시니 그의 소문이 온 수리아에 퍼진지라 사람들이 모든 앓는 자 곧 각색 병과 고통에 걸린 자, 귀신 들린 자, 간질하는 자, 중풍병자들을 데려오니 저희를 고치시더라(마 4:23~24).

예수님은 모든 질병과 약한 것으로부터 자유함을 얻게 하셨다. 약한 것도 병이라고 할 수 있다. 그래서 기도해야 한다. 기도하려면 힘이 없는 사람들이 있다. 밖에 나가서 운동하자고 하면 힘이 막 솟아나는

데…. 찬양하자면 피곤해 하고 말씀을 읽을 때는 성경을 펴자마자 잠부터 잘 생각을 하는 것, 이런 부분들이 영적으로 연약한 것이다.

한번은 이런 사람을 본 적이 있다. 30대 초반의 여성이 어느 날 접시를 들고 가다가 떨어뜨렸다. 손에서 미끄러진 것이 아니라 손에 너무 힘이 없어서 놓친 것이다. 그때부터 힘이 약해지기 시작하는데 숟가락을 들고 밥 먹는 것도 힘들 정도였다. 그 다음부터는 가정에서 아무 것도 하지 못했다. 겨우 누워 있다가 화장실만 왔다 갔다 할 정도였다.

그녀가 예수님을 안 믿었기에 먼저 복음을 전했고 중보기도를 했다. 기도받은 그 여성은 회복되기 시작해서 매일 그 가정을 그리스도의 보혈로 덮고 예배를 드렸다. 그 뒤 3일 만에 그녀는 정상적으로 회복되었다. 그녀는 이름난 병원을 다 가 보았지만, 모든 것이 정상이라고 했다. 이유도 없고 원인이 없는 것이다. 결국 예수님을 믿고 나서야 치유가 되었다.

다섯째는 노세오(noseo, νοσέω)로서 정신병을 말한다. 앞에서 말한 대로 정신적인 병은 치유 방법이 다양하고 복잡하기 때문에 잘 다루어야 한다. 초기 증상일 때 기도하는 것이 가장 좋다. 오랫동안 약을 복용한 경우는 의지가 약해져 어려워진다. 먼저 그 병의 근원이 무엇인지 살펴보고 차단할 것은 차단하고 성령의 역사가 나타나기를 기도해야 한다.

여섯째로 캄노(kamno, κάμνω)는 계속적인 일로 지치게 되는 것을 말한다.

너희가 피곤하여 낙심치 않기 위하여 죄인들의 이같이 자기에게 거역한 일을 참으신 자를 생각하라(히 12:3).

살다 보면 우리를 지치게 하는 부분들이 있다. 지치면 기쁨이 사라지고 대인관계가 원만하지 못해 사람이 싫어지는 경우가 있다. 일상생활에서 똑같은 일만 반복하게 되면 지치게 된다. 심령이 약해지면 사람은 지친다. 지치면 만사가 싫고 짜증만 난다. 꼭 해야 되는데 일이 싫어진다면 이것은 지침의 징조이다. 직장에서 이런 일이 계속되면 직업병으로 변한다. 일에 중독되는 경우 너무 바쁘면 지혜를 얻을 시간이 없다.

반면 어떤 사람은 똑같은 일인데도 노래를 불러가면서 하는 사람이 있다. 식당을 운영하는 A집사님은 주방장을 초청하지 않는다. 남자인데도 자신이 직접 주방장 일을 한다. 그는 음식 만드는 것이 그렇게 즐겁고 좋을 수가 없다고 한다. 자기가 만든 음식을 맛있게 먹는 것을 보면 세상에서 그만큼 즐거울 수가 없고, 그래서 다시 태어나도 요리사가 되겠다고 말한다.

신약에 나타난 치유

소오조(sozo, σώζω)

이 단어에는 구원, 치유, 온전함, 보전, 구출, 깨어진 관계의 회복의 여섯 가지 의미가 들어 있다.

첫째는 영혼 구원을 받을 때 이 말을 쓴다.

> 아들을 낳으리니 이름을 예수라 하라 이는 그가 자기 백성을 저희 죄에서 구원할 자이심이라 하니라(마 1:21).

이 구절에서 '구원할 자'의 구원은 소오조이다. 이 말은 우리의 영혼이 구원받는 것을 뜻한다. 내 영혼이 구원 받음은 축복 중의 축복이다. 내가 천국 백성이 되고 하나님의 자녀가 되는 것은 병 고침을 받는 것보다 더 중요하다. 이보다 더 중요한 것은 없다. 불신자들에게 병 고치는 것도 중요하지만, 그 역사를 통해 예수님을 믿게 하는 것이 더 중요하다. 이 땅에서 육신의 질병만 고침을 받고 영혼 구원을 받지 못하면 무슨 소용이 있겠는가?

둘째는 온전함이다. 즉 영, 혼, 육의 전인적인 치유로서 질병과 고통, 마음의 낙심에서 치유받고 미래의 소망을 갖게 되는 것을 포함한다.

셋째는 치유(healing)이다. 신유의 은사로 치유하는 것은 이에 해당된다. 열두 해 동안 혈루증을 앓던 여인에게 "딸아, 안심하라 네 믿음이 너를 구원하였다"고 할 때 '구원'은 '소오조'로서 healing의 의미를 포함한다. 즉 질병에서 자유를 누리는 것이다.

넷째는 보전이다. 오늘 치유 받았다고 해서 내일의 건강이 다 보장되는 것은 결코 아니다. 지난 해 은혜를 많이 받았다고 해서 거기에 만족하면 안 된다. 흘러간 과거에만 연연하지 말고 그 기초 위에 오늘 은혜를 받아야 한다. 보전을 잘하기 위한 비결은 겸손이다. 목에 힘이 들어가고 교만하면 넘어진다. 하나님은 겸손한 자에게 은혜를 주시고 축복하신다.

> 또 너희가 내 이름을 인하여 모든 사람에게 미움을 받을 것이나 나중까지 견디는 자는 구원을 얻으리라(마 10:22).

다섯째로 구출이다. 고통에서 허덕이는 사람을 건져내는 것이다.

> 그 제자들이 나아와 깨우며 가로되 주여 구원하소서 우리가 죽겠나이다 (마 8:25).

예수님께서 제자들과 함께 배를 타고 가시는데 거친 풍랑이 일었다. 배에 물이 들어오자 제자들이 물을 퍼내기 시작했지만 감당할 수 없어서 예수님을 찾았다. 그때 예수님은 주무시고 계셨다. 제자들은 "우리가 죽게 되었나이다" 하면서 예수님을 흔들어 깨웠다. 예수님은 파도를 잠잠케 하셨다. 이런 풍랑처럼 위급한 상황에서 우리가 구원받는 것이 구출이다.

여섯째 깨어진 관계의 회복이다. 관계 회복은 영, 혼, 육 세 부분으로 나뉘어진다. 영은 하나님과의 관계요, 혼은 나 자신과의 관계, 곧 내 자아와의 관계다. 그리고 육은 내 몸과의 관계를 말한다.

그런데 육은 혼, 즉 내 자아를 어떻게 관리하느냐에 따라 움직이게 된다. 하나님께서 통치하시는 성령의 능력으로 말미암아 완전히 인도함을 받을 때 육은 거룩한 몸이 된다. 신앙은 내 자아, 즉 지·정·의가 무엇의 지배를 받느냐가 중요하다. 육체의 소욕을 따라갈 것인가 아니면 성령의 소욕을 따라갈 것인가. 둘 중의 하나다. 성령의 소욕을 좇을 때 온전한 하나님의 전이 될 수 있으며 하나님의 도구로 쓰임받을 수 있다. 그때 손을 얹고 기도하면 병이 낫는 역사들이 일어나는 것이다.

'테라퓨오 (therapeuo, θεραπεύω)

병든 자를 치유하기 위하여 돌보아 주는 것이 여기에 해당된다. 복음서에서 가장 많이 등장하는 단어가 바로 이 부분이다.

> 무리가 알고 따라왔거늘 예수께서 저희를 영접하사 하나님 나라의 일을 이야기하시며 병 고칠 자들은 고치시더라(눅 9:11).

> 주께서 가라사대 지혜 있고 진실한 청지기가 되어 주인에게 그 집 종들을 맡아 때를 따라 양식을 나누어 줄 자가 누구냐(눅 12:42).

"그 집 종들을 맡으라"는 말씀은 돌보는 것을 말한다. 이것은 곧 우리가 영혼을 돌보는 것을 의미한다. 교회에서 치유사역만 계속하는 곳은 부흥이 잘 안 된다. 치유한 뒤 양육하고 사역하는 장을 열어 줘야 된다. 말씀에 힘을 얻고 하나님이 주신 비전을 붙잡고 나갈 수 있어야 한다.

휘기아이노(hugiaino, ὑγιαίνω)
이 단어에는 '강건하다', '안전하다' 는 의미가 들어 있다.

> 대답하되 당신의 동생이 돌아왔으매 당신의 아버지가 그의 건강한 몸을 다시 맞아들이게 됨을 인하여 살진 송아지를 잡았나이다 하니 (눅 15:27).

탕자가 물질은 다 탕진했지만, 몸은 건강하다고 한다. '건강한 몸'을 강건이라고 한다. 하나님은 그분의 자녀들이 건강한 몸으로 살아가기를 원하신다. 그래서 "사랑하는 자여 네 영혼이 잘됨같이 범사가 잘되고 강건하기를 간구하노라"(요일 1:2)고 말씀하셨다.

이아오마이(iaomai, ἰάομαι)
육체적 질병을 치유한다는 뜻이다. 이것은 영적인 치유를 상징적으로 나타내기도 한다. 마태복음 9장에 보면 중풍병자가 나온다. 사람들이 이 중풍병자를 메고 나올 때 예수님께서 이렇게 말씀하셨다.

> 인자가 세상에서 죄사하는 권세가 있는 줄을 너희로 알게 하려 하노라"

하시고 중풍병자에게 말씀하시되 일어나 네 침상을 가지고 집으로 가라 하시니(6절).

이와 같이 신약성경에서 죄사함 받을 때 치유가 일어나는 것을 볼 수 있다.

건강의 성경적 의미

이제 성경에 나타난 건강의 의미를 살펴보자. 질병은 건강에서 떨어져 나간 상태를 말한다.

구약은 치유보다 건강을 강조한다. 그래서 복에 대한 기원이 자주 등장한다. 또한 건강을 '샬롬'으로 표현한다. 이스라엘 사람들은 인사할 때 언제나 '샬롬'이라고 말한다. 이 말은 "너희가 평안하냐? 모든 일이 다 좋으냐? 모든 것이 건강하냐?"라는 뜻이다.

샬롬에서 가장 중요한 것은 "네 마음에 하나님이 주신 평안이 있느냐?"라는 것이다. 샬롬은 구약성경에만 250번 이상 기록되어 있다. 샬롬은 개인뿐 아니라 공동체와 국가에도 해당된다. 공동체가 경험하는 평안은 마음의 평안, 부귀와 영화가 있다. 이것은 물질적으로도 풍요한 상태를 말하며 모든 삶의 조건이 구비된 상태다. 정치적인 번영과 군사적인 승리도 샬롬이라는 의미가 있다.

구약에 나타난 샬롬은 하나님의 절대 주권이 역사할 때 나타났다.

개인적으로도 하나님의 절대 주권이 역사할 때 살롬이 되었다. 하나님의 절대 주권이 가정을 다스릴 때 하나님의 평강이 가정을 지배하게 된다. 교회도 마찬가지다. 하나님의 절대 주권이 교회를 통치하면 여호와 살롬이 임하게 된다.

하나님과 올바른 관계에 있을 때 우리 마음에 평안이 있다. 하나님의 의는 예수님의 십자가 보혈로 죄사함 받을 때만 이루어진다. 하나님 앞에서 우리가 의로워질 수 있는 것은 '예수 믿는다' 는 것 외에 없다. 그때부터는 평강의 역사가 나타난다. 성령은 평강의 영이다. 그래서 하나님의 의가 역사하는 곳에 여호와 살롬, 평강의 영이 임한다. 이것을 성령의 임재라고 한다.

그러므로 성령의 임재가 나타나는 곳에는 여호와 살롬의 평강이 있다. 살롬일 때 치유와 구원의 역사가 있고, 하늘 나라의 기쁨을 맛보는 축복이 나타난다. 하나님의 의가 나타나기 위해서는 순종이 뒤따라야 한다. 기도할 때 순종하게 되고, 순종할 때 평안이 있다. 순종을 미루면 강퍅해진다. 하나님 말씀과 하나님의 뜻, 그분의 인도에 순종하는 자에게만 여호와 살롬이 임한다. 살롬은 하나님과 온전한 조화를 이루는 상태다. 살롬일 때 하나님의 평화와 번영과 의로움이 있다.

그런데 신약은 건강보다 치유에 대해 더 많이 이야기한다. 사복음서에서는 성령의 임재 이후에 예수님께서 질병을 치유하시는 것을 볼 수 있다. 예수님이 복음을 전하실 때 악한 영이 떠나고 질병이 치유되고 문제가 해결되며 귀신이 쫓겨났다. 살롬은 치유되지 않은 상태에서 지속되지 못한다. 이 땅에서는 샬롬을 통해 영원한 천국을 조금씩 맛볼 수 있다. 평강의 왕으로 오신 예수 그리스도를 통해 성도는 영원한 평강의 나라 천국을 바라볼 수 있다. 이 땅에서의 삶은 영원한 천국을 사모하는 삶이다.

질병, 치유, 건강

질병(Diseases)은 'Dis-ease'로 나뉜다. 'Dis'는 떨어져 나감을, 'ease'는 안락, 평안을 뜻한다. 그러므로 질병은 평안함이 떨어져 나간 상태다. 질병은 불편한 상태이며 평안을 잃어버린 상태이다. 비정상적인 관계, 깨어진 관계에서 나온 부산물이 바로 질병이다.

하나님과의 관계가 정상적이지 못하면 영적인 문제로 이어진다. 가정에서 부부가 비정상적인 관계가 되면 그 가정은 깨어진다. 대인관계가 비정상적이면 깨어진 관계가 된다. 몸의 모든 기관이 비정상적인 관계가 되면 질병이 온다. 그래서 하나님과 자신, 가족, 이웃, 자연과의 조화를 이루지 못하고 무질서와 불균형을 이루는 상태를 우리는 질병이라고 한다. 무질서한 사람이 병에 걸린다.

치유는 사탄과 죄로 인해 깨어진 부분들이 예수를 믿고 성령의 능력으로 하나님 기준의 온전함과 평강의 상태로 회복되는 것을 말한다. 사람에게 자꾸 인정받으려고 하면 문제가 생긴다. 교회에서는 한 사람이 너무 중요하게 나타나면 좋지 않다.

그는 우리의 화평이신지라 둘로 하나를 만드사 중간에 막힌 담을 허시고 원수 된 것 곧 의문에 속한 계명의 율법을 자기 육체로 폐하셨으니 이는 이 둘로 자기의 안에서 한 새 사람을 지어 화평하게 하시고 또 십자가로 이 둘을 한 몸으로 하나님과 화목하게 하려 하심이라 원수 된 것을 십자가로 소멸하시고 또 오셔서 먼 데 있는 너희에게 평안을 전하고 가까운 데 있는 자들에게 평안을 전하셨으니 이는 저로 말미암아 우리 둘이 한 성령 안에서 아버지께 나아감을 얻게 하려 하심이라(엡 2:14~18).

첫째, 나와 하나님과의 관계가 최우선이고, 그 다음에 자신과의 관계, 이웃과의 관계 그리고 맨 나중이 만물과 나와의 관계가 되어야 한다. 하나님과의 관계가 바로 되지 않으면 모든 것이 하루 아침에 물거품처럼 사라질 수 있다. 자식을 미워하는 사람은 자신과의 관계가 바른지 살펴보아야 한다. 자신과의 싸움이 자녀에게 표현되어 미움으로 나타나는 것이다.

아버지께서는 모든 충만으로 예수 안에 거하게 하시고 그의 십자가의 피로 화평을 이루사 만물 곧 땅에 있는 것들이나 하늘에 있는 것들을 그로 말미암아 자기와 화목게 되기를 기뻐하심이라(골 1:19~20).

그런데 사람들은 거꾸로 한다. 물질을 얻기 위해 이웃과 원수가 되어도 상관없다. 물질을 빼앗으려고 형제와 칼부림을 한다. 물질을 얻기 위해서는 자신을 파괴시키는 일을 서슴지 않는다. 때로는 물질을 얻기 위해 하나님과의 관계도 끊는다.

물질을 얻으려고 애쓰기 전에 하나님과 화목하고 나 자신, 그리고 이웃과 화목하면 물질은 모아진다. 이웃 중 악인이 많은 재물을 가지고 있는 경우도 있다. 그러나 잠언서는 악인의 재물은 의인을 위해 예비됐다고 하셨다. 그러므로 그때까지 기다리면 된다.

예수님께서 우리에게 주신 계명 두 가지는 하나님을 사랑하는 것과 이웃을 내 몸과 같이 사랑하는 것이다.

그런데 나는 자신이 얼마나 존귀한 존재인지 알고 있는가? 하나님께서는 나를 구원하시기 위해 가장 귀한 독생자 예수 그리스도를 이 땅에 보내 주셨다. 그러므로 나는 예수님과 맞바꿀 정도로 귀한 존재이다. 하나님은 우리 한 사람 한 사람을 이처럼 귀하게 여기시는데 자신을 비하시키는 사람이 있다.

나를 함부로 다루고 있지는 않은가. 자신을 홀대하면 다른 사람도 그렇게 나를 대한다. 이웃을 내 몸과 같이 다루어야 하니까 남을 무시하는 사람은 자기도 무시하는 사람이다. 그래서 이웃을 사랑하되 내 몸 사랑하는 것만큼 사랑하라고 하신 것은 그 이상은 할 수 없기 때문이다. 나 자신이 귀한 것을 알면 이웃이 귀한 것을 안다. 세상에서 귀한 것은 아끼거나 감춰 두지만, 하나님 안에서는 많이 쓰임받는 것이 귀한 것이다.

평강의 하나님이 친히 너희로 온전히 거룩하게 하시고 또 너희 온 영과 혼과 몸이 우리 주 예수 그리스도 강림하실 때 흠없게 보전되기를 원하노라(살전 5:23).

건강(Health)은 몸뿐 아니라 전인적인 강건함을 말한다.

첫째, 영적인 것은 하나님과의 관계다. 이 영적인 관계가 잘 이루어지면 영적인 것을 아는 것이 최고의 기쁨이 된다. 하나님을 아는 지식이 가장 고상하다. 성령의 능력으로 지, 정, 의가 다스려지면 하나님 마음에 합한 자가 된다. 그러면 우리 몸은 하나님의 성전이요, 의의 병기가 된다.

둘째, 혼적인 것은 지, 정, 의로서 자신과의 관계에서 조화를 이루는 것이다. 자신이 편안할 때 다른 사람에게도 편안하게 해준다. 자신에게 상처가 있으면 다른 사람에게 상처를 준다.

셋째, 영적으로 충만하다고 해도 몸은 환경적인 영향을 받을 수가 있다.

넷째, 사회적으로는 개인의 영, 혼, 육의 온전함을 추구하는 전인적인 치유가 이루어져야 한다.

제2장
성령의 기름 부으심과 치유 사역

질병은 어디서 올까

영, 혼, 육

기름 부으심을 받는다는 것

성령이 임재하실 때 나타나는 것들

성막을 통해 본 하나님의 임재

제2장

성령의 기름 부으심과 치유 사역

사람은 원래 죽기 위해 태어난 존재가 아니다. 인간이 타락하면서 죽음이 오기 시작했다. 타락하기 전에는 영이 사람의 마음을 지배했고 마음과 생각을 통해 몸이 지배를 받았다. 그래서 몸은 온전히 하나님이 원하시는 뜻대로 살아갈 수 있었다. 그러나 에덴동산에서 아담과 하와가 마귀의 유혹을 받고 꾀임에 빠져서 그의 말을 듣는 순간 마귀의 지배 아래에 들어가게 되었다. 이것이 타락이다.

그 뒤 사람은 악한 영에게 지배를 받게 되었다. 그때부터 죽음과 질병과 고통이 오기 시작했다. 인간의 타락은 하나님과의 관계만 깨뜨린 것이 아니라 모든 관계를 파괴시켰다. 하나님과의 관계가 깨어지기 시작하자 나와 자신과의 관계도 깨어지게 되었다. 생각과 마음이 깨어지고 몸과의 관계도 깨어졌다. 깨진 관계 때문에 결국 정신적인 문제와 갈등이 오기 시작했다.

깨진 관계를 회복시키시기 위해 하나님은 예수 그리스도를 이 땅에 보내주셨다. 그리고 이 모든 부분을 예수님께서 십자가에서 담당하셨다. 이 과정이 구원의 단계이다. 구원을 받아도 병에 걸릴 수 있다.

질병은 어디서 올까

첫째, 하나님과 단절된 인간의 영은 하나님의 지배를 떠나 사탄의 지배를 받게 되었다.

> 도적이 오는 것은 도적질하고 죽이고 멸망시키려는 것 뿐이요 내가 온 것은 양으로 생명을 얻게 하고 더 풍성히 얻게 하려는 것이라 (요 10:10).

> 그 중에 이 세상 신이 믿지 아니하는 자들의 마음을 혼미케 하여 그리스도의 영광의 복음의 광채가 비취지 못하게 함이니 그리스도는 하나님의 형상이니라(고후 4:4).

질병은 하나님과의 단절에서 온다. 그래서 질병을 치유할 때 가장 중요한 것은 하나님을 만나게 하는 것이다. 불신자는 영혼 구원이 급선무다. 구원받지 못한 불신자도 질병을 치유받는 경우가 있다. 병을 치유받고 하나님께 돌아오라는 것인데, 치유받은 건강한 몸으로 세상의 쾌락을 즐기는 데 열심일뿐 하나님 앞으로 돌아오지 않는다.

먼저 막힌 관계를 회복해야 하는데 이것을 계속해서 막는 악한 영들의 세력이 있다. 성경은 이것이 바로 마귀가 하는 일이라고 말씀하고 있다. 하나님과 단절된 인간의 영은 하나님의 지배를 떠나 사탄의 지배를 받는다.

하나님의 지배를 받을 때는 먼저 하나님께서 나의 영을 지배하신다. 영도 하나님께서 인간을 지배하시는 채널이다. 영을 통해 하나님과 교통이 이루어지고 하나님과 교제가 이루어진다. 하나님은 영이시기 때문이다.

> 하나님은 영이시니 예배하는 자가 신령과 진정으로 예배할지니라 (요 4:24).

영을 지배하실 때 나의 마음과 생각도 지배받는다. 그리고 이 마음과 생각에 의해서 나의 몸이 지배받는다. 이렇게 될 때 우리는 하나님의 온전한 지배 속에 들어간다.

그러나 하나님의 지배를 받지 못하고 마귀의 지배권 속에 있다 보면 영의 지배를 제대로 받지 못하고 도리어 마귀가 우리의 마음과 생각을 공격한다. 그래서 생각하는 대로 몸이 움직이게 된다. 하나님의 질서 안에 들어가는 것이 아니라 마귀의 질서 속에 빠지게 되므로 결국은

요한복음 10장 10절 말씀처럼 멸망의 길로 가게 된다. 이것이 바로 사탄의 전략이다.

둘째, 하나님의 영에 의해 다스림을 받지 않는 사람에게 나타나는 모습이다.

> 하나님이 그들에게 복을 주시며 그들에게 이르시되 생육하고 번성하여 땅에 충만하라, 땅을 정복하라, 바다의 고기와 공중의 새와 땅에 움직이는 모든 생물을 다스리라 하시니라(창 1:28).

하나님의 온전한 다스림을 받지 못하면 하나님이 주신 것을 누리지 못한다. 하나님 없는 지식은 사람을 교만하게 하고 하나님 없는 물질은 사람을 타락시킨다. 하나님 없는 건강도 결국은 정욕으로 빠지게 된다. 타락한 인간에게 하나님은 창세기 4장 7절 말씀에 "너는 죄를 다스릴지니라"고 말씀하신다.

하나님의 영, 곧 성령에 의해 다스림과 지배를 받지 않고 죄로 타락한 사람은 영이 하나님의 영을 좇거나 알지도 못하고 하나님의 뜻이 무엇인지 분별하지도 못한다. 그리고 영적인 것에 의해서 지배를 받을 수 있는 모든 것이 상실된다.

우리의 지, 정, 의가 하나님에 의해서 지배를 받아야 하는데 오히려 몸에 의해서 지배받게 된다. 그 결과 육체적인 충동이나 본능에 따라서 움직이게 되는 것이다. 그러다 보니 언제나 몸을 먼저 생각한다. 하나님 없이 살아가는 사람들을 보면 짐승 같은 삶을 사는 사람들이 너무나 많다. 모든 것이 충동적이고 본능적인 삶이다. 그러나 사람은 영의 지배를 받을 때만 하나님께서 원래 우리를 창조하신 목적에 부합되는 삶을 살게 된다.

> 또 그리스도께서 너희 안에 계시면 몸은 죄로 인하여 죽은 것이나 영은 의를 인하여 산 것이니라 예수를 죽은 자 가운데서 살리신 이의 영이 너희 안에 거하시면 그리스도 예수를 죽은 자 가운데서 살리신 이가 너희 안에 거하시는 그의 영으로 말미암아 너희 죽을 몸도 살리시리라 그러므로 형제들아 우리가 빚진 자로되 육신에게 져서 육신대로 살 것이 아니니라 너희가 육신대로 살면 반드시 죽을 것이로되 영으로써 몸의 행실을 죽이면 살리니 무릇 하나님의 영으로 인도함을 받는 그들은 곧 하나님의 아들이라(롬 8:10~14).

그렇다면 이제 하나님의 영에 의해 다스림을 받지 않는 것에는 어떤 것들이 있는가?

첫째, 냉철한 지성이다. 머리는 차갑고 가슴이 뜨거워야 되는데, 머리는 뜨겁고 가슴이 찬 사람이 있다. 이런 사람들은 잘 따지고 걸핏하면 싸운다. 또 머리도 뜨겁고 가슴도 뜨거운 사람이 있다. 이것은 중병이다.

하나님의 다스리심을 가로막는 냉철한 지성을 무너뜨리는 한 가지 방법이 있다. 하나님께서 기적을 일으키시는 것이다. 이 시대에 왜 기적이 필요한가? 우리가 배워 온 것은 논리적이고 조직적인 헬라식 교육법이다. 즉 아는 만큼 믿는 것이다. 그런데 히브리식 교육법, 즉 유태인식 교육법은 진리는 무조건 믿는다. 믿으면 안다는 것이다.

성경의 내용을 모두 이해하고 믿기는 어렵다. 믿으면 알게 된다. 하나님이 기적을 일으키시면 논리로 이해할 수 없으니까 자신의 사고방식이 무너져 저절로 믿어지게 되는 것이다. 믿음은 하나님이 주신 선물이다.

> 여호와를 경외하는 것이 지식의 근본이어늘 미련한 자는 지혜와 훈계를 멸시하느니라(잠 1:7).

참된 지식은 하나님을 아는 지식이다. 우리의 지, 정, 의 중에 특히 지적인 것은 하나님을 알고 만나야만 만족을 느끼게 된다. 이 세상의 지식을 아무리 많이 가져도 만족이 없다. 그러나 하나님을 아는 것 안에 세상의 모든 원리와 하나님의 뛰어난 지각과 지혜가 있기 때문에 그분이 내 안에 들어오시면 하나님을 아는 지식 안에서 모든 것이 해결된다.

> 너희 어리석은 자들은 어리석음을 좋아하며 거만한 자들은 거만을 기뻐하며 미련한 자들은 지식을 미워하니 어느 때까지 하겠느냐(잠 1:22).

여기에서 지식은 하나님을 아는 지식을 말한다. 하나님을 경외하는 것이 모든 지식의 근본이지만 어리석은 자들은 그 근본을 싫어한다.

둘째, 강렬한 야망, 욕망, 빗나간 열정이다. 이는 인간적인 욕구를 추구하는 빗나간 열정이다. 자기 기준대로 밀고 나가는 열정이 셀수록 나중에 돌아올 때 더 고생한다. 잘못된 것을 알면 빨리 돌아와야 한다. 이것은 마치 썩은 가지에 인생의 사닥다리를 놓고 올라가다가 떨어지는 것과 같다.

> 어떤 이들은 투기와 분쟁으로 어떤 이들은 착한 뜻으로 그리스도를 전파하나니 이들은 내가 복음을 변명하기 위하여 세우심을 받은 줄 알고 사랑으로 하나 저들은 나의 매임에 괴로움을 더하게 할 줄로 생각하여 순전치 못하게 다툼으로 그리스도를 전파하느니라(빌 1:15~17).

하나님을 좇는 열정이 아니라 인간적인 방법과 수단에 의해서 살아가는 열정의 모습이다. 이것은 예수 믿는 사람들 가운데에서도 많이 나타나는 일들이다. 예수 이름으로 싸우고 예수 이름으로 분리하는 등 예수 이름으로 엄청난 일들이 일어나고 있다.

예수 믿는 사람들이 그리스도의 평화를 전하는 것이 아니라 반대 세력에 폭력으로 맞선다면 이 세상은 전쟁터가 될 것이다. 우리의 싸움은 혈과 육에 대한 싸움이 아니라 세상을 주관하는 정사와 권세를 대항해서 싸우는 싸움이어야 한다.

예수 그리스도께서 내 안에서 지배하지 않으시면 나의 열정은 강렬한 야망, 욕망, 빗나간 열정 같은 것들로 바뀌게 된다.

> 이는 내가 너희의 원함을 앎이라 내가 너희를 위하여 마게도냐인들에게 아가야에서는 일년 전부터 예비하였다 자랑하였는데 과연 너희 열심이 퍽 많은 사람들을 격동시켰느니라(고후 9:2).

마게도냐인들은 야망이 있어서 교회 안에서 파벌을 만들고 많은 사람들을 격동시켰다. 다음은 바울의 빗나간 열정을 나타내는 내용이다.

> 열심으로는 교회를 핍박하고 율법의 의로는 흠이 없는 자로다(빌 3:6).

셋째, 독단적인 의지이다. 하나님을 아는 지식과 하나님이 주심으로 느낄 수 있는 주님의 마음에 의해서 의지의 방향이 결정되어야 하는데 독단적인 의지는 하나님 없는 의지, 하나님의 방향과는 전혀 상관없는 의지를 말한다.

> 도움을 구하러 애굽으로 내려가는 자들은 화 있을진저 그들은 말을 의뢰하며 병거의 많음과 마병의 심히 강함을 의지하고 이스라엘의 거룩하신 자를 앙모치 아니하며 여호와를 구하지 아니하거니와(사 31:1).

유다는 말과 병거의 많음과 마병의 강함을 의지하고 있었다. 말과 마병과 병거의 능력은 하나님 앞에는 비교할 상대가 안 된다. 하나님께서 허락지 않으시면 도움을 구하는 자나 도움을 주는 것도 다 헛수고일 뿐이다.

독단적인 의지는 하나님을 의지하기보다는 세상적인 것을 더 의지한다. 이런 독단적이고 인간적인 생각에 의해 잘못된 방향으로 의지가 바뀐다.

> 방백들을 의지하지 말며 도울 힘이 없는 인생도 의지하지 말지니 그 호흡이 끊어지면 흙으로 돌아가서 당일에 그 도모가 소멸하리로다 (시 146:3~4).

> 너는 마음을 다하여 여호와를 의뢰하고 네 명철을 의지하지 말라 (잠 3:5).

그 결과 본능, 충동, 욕구가 몸을 지배하게 된다. 몸이 하나님의 뜻에 의해서 지배받는 것이 아니라 욕구나 충동 같은 것들에 의해 지배받고 이런 부분들이 우리 생각을 지배하기 시작한다. 하나님께서 사람과 함께 하지 않으시는 이유는 본능과 충동이 지배하는 삶, 즉 육체가 되었기 때문이다.

> 여호와께서 가라사대 나의 신이 영원히 사람과 함께 하지 아니하리니 이는 그들이 육체가 됨이라 그러나 그들의 날은 일백이십 년이 되리라 하시니라(창 6:3).

또한 하나님의 다스림을 받지 않으면 냉철한 지성과 강렬한 야망(열정), 독선적인 의지가 생각과 마음을 지배하게 된다. 그리고 그리스도의 영(성령)이 없는 자는 사탄의 지배를 받게 된다.

> 만일 너희 속에 하나님의 영이 거하시면 너희가 육신에 있지 아니하고 영에 있나니 누구든지 그리스도의 영이 없으면 그리스도의 사람이 아니라(롬 8:9).

> 성령이 친히 우리 영으로 더불어 우리가 하나님의 자녀인 것을 증거하시나니(롬 8:16).

넷째, 인성의 분열과 장애이다. 이 부분이 깨지면 스트레스를 받을 뿐 아니라 갖가지 질병과 신체적인 장애를 일으키는 원인이 된다. 직장인들이 많은 스트레스를 받고 있다는 것은 벌써 오래 전부터 잘 알려진 이야기이다. 그러나 요즘은 병적일 정도로 스트레스를 심하게 받는 사람들도 많다.

미국에서 자동차 산업이 한때 침체된 적이 있었다. 여기저기서 자동차 회사들이 문을 닫았는데 미국 차들이 불량품이 너무 많아 대다수의 미국인들이 외제차를 선호했기 때문이다. 그래서 미국 자동차공업협회는 그 원인을 추적해서 분석하였다. 자동차에는 3만 개가 넘는 부품들이 들어가는데 조립할 때 로봇이 하는 부분도 있지만 사람들이 직접 해야 하는 부분도 많다. 그런데 당시 자동차 공장 노동자 중에는 마약중독자나 알코올 중독자 혹은 스트레스로 인한 정신적 문제를 가지고 있는 사람들이 많았다.

이에 따라 자동차 조립과정에서 일에 집중하지 못하고 사소한 실수를 많이 했다고 한다. 그래서 결함이 많이 발생하게 된 것이다. 이런 사소한 스트레스는 자동차 산업의 경쟁력을 크게 약화시키는 결과를 낳았다.

시편 38장 4~18절 말씀은 사람들이 하나님과 단절된 결과가 어떤 것인지 보여 주고 있다.

> 내 죄악이 내 머리에 넘쳐서 무거운 짐 같으니 감당할 수 없나이다 내 상처가 썩어 악취가 나오니 나의 우매한 연고로소이다 내가 아프고 심히 구부러졌으며 종일토록 슬픈 중에 다니나이다 내 허리에 열기가 가득하고 내 살에 성한 곳이 없나이다 내가 피곤하고 심히 상하였으매 마음이 불안하여 신음하나이다 주여 나의 모든 소원이 주의 앞에 있사오며 나의 탄식이 주의 앞에 감추이지 아니하나이다 내 심장이 뛰고 내 기력이 쇠하여 내 눈의 빛도 나를 떠났나이다 나의 사랑하는 자와 나의 친구들

이 나의 상처를 멀리하고 나의 친척들도 멀리 섰나이다 내 생명을 찾는 자가 올무를 놓고 나를 해하려는 자가 괴악한 일을 말하여 종일토록 궤계를 도모하오나 나는 귀먹은 자같이 듣지 아니하고 벙어리같이 입을 열지 아니하오니 나는 듣지 못하는 자 같아서 입에는 변박함이 없나이다 여호와여 내가 주를 바랐사오니 내 주 하나님이 내게 응락하시리이다 내가 말하기를 두렵건대 저희가 내게 대하여 기뻐하며 내가 실족할 때에 나를 향하여 망자존대할까 하였나이다 내가 넘어지게 되었고 나의 근심이 항상 내 앞에 있사오니 내 죄악을 고하고 내 죄를 슬퍼함이니이다(시 38:4~18).

여기서 시편기자는 정신적인 것, 마음의 생각, 사람들과의 관계, 자신과의 관계까지 모두 언급하고 있다. 하나님과의 관계가 깨짐으로써 다른 부분에까지도 모두 영향을 미치기 시작하는 것을 구체적으로 알 수 있다.

하나님의 말씀은 살았고 운동력이 있어 좌우에 날선 어떤 검보다도 예리하여 혼과 영과 및 관절과 골수를 찔러 쪼개기까지 하며 또 마음의 생각과 뜻을 감찰하나니(히 4:12).

그러면 이제 "우리의 영과 혼과 몸이 우리 주 예수 그리스도 강림하실 때에 흠없게 보전되기를 원하노라"고 하는 데살로니가전서 5장 23

절 말씀을 기준으로 해서 사람을 영과 혼과 몸으로 나누어서 살펴보도록 하겠다. 신학자들은 영혼을 하나로 보아 이분설로 설명하는데, 여기서는 효과적인 치유사역을 위해서 기능상 세 가지로 나누어 보도록 하자.

영, 혼, 육

영이란 무엇인가?

영은 하나님을 아는 지식인 직관과 양심, 하나님과 영적인 교제를 나누는 교통으로 나눌 수 있다

> 너희가 아들인고로 하나님이 그 아들의 영을 우리 마음 가운데 보내사 아바 아버지라 부르게 하셨느니라(갈 4:6).

첫째, 직관은 하나님을 알 수 있는 부분이다. "우리의 영혼에 빛이 비추어지는 것"이 곧 직관이다. 영적인 감각 같은 것으로서 "영감 있는 말씀이다"라든지, "영감이 떠오른다"라는 말이 이 직관에 해당한다. 성령에 의해서 내 마음과 생각과 모든 것이 지배받기 시작하면 나의 모든 삶이 하나님 앞에 순종하는 삶으로 변하고 직관이 더욱 민감해지기 시작한다. 육체의 눈은 어두웠지만 영혼의 밝은 눈으로 수많은 찬송시를 쓴 화니 크로스비는 직관이 뛰어난 사람이다.

다음 장에 나오는 영적 치유에서 직관에 왜 문제가 생기는지, 어느 부분에서 문제가 생기며, 이것을 어떻게 회복시켜야 하는지를 다룰 것이다.

둘째, 양심이 있다. 양심은 원어로 쉬네이데시스(suneidesis)라고 하는데 이것은 쉬네이도(suneido)라는 동사에서 파생된 것으로 '눈치채다, 고려하다, 의식하게 되다, 완전히 보다' 라는 뜻이 있다. 신약성경에는 명사로 30회, 동사로 4회 쓰였다. 양심은 선악을 알고 분별하는 근원이 된다.

> 이런 이들은 그 양심이 증거가 되어 그 생각들이 서로 혹은 송사하며 혹은 변명하여 그 마음에 새긴 율법의 행위를 나타내느니라(롬 2:15).

성경이 말하는 양심은 무엇인가? 여기서 말하는 양심은 인간적인 양심이 아니라 하나님을 찾지 않고는, 하나님과 함께 하지 않고는 마음에 편안함이 없는, 바로 하나님이 우리에게 주신 양심이다. 하나님 없이는 너무 불편한 것, 하나님 없이는 너무 갈급해서 견딜 수 없는 이 마음이 바로 양심이다.

그래서 성경이 말하는 죄의 개념과 세상이 말하는 죄의 개념은 다르다. 성경이 말하는 죄는 하나님을 떠난 것이다. 다시 그 관계가 회복되어야 한다. 세상을 변화시키려면 우선 양심이 변화되어야 한다.

셋째, 교통이다. 영적인 교제로서 원어로 코이노니아(koinonia)라고 하는데 동료의식, 참석, 상호교류, 자선, 교제, 분배, 우정이라는 뜻이 있다.

> 주 예수 그리스도의 은혜와 하나님의 사랑과 성령의 교통하심이 너희 무리와 함께 있을지어다(고후 13:13).

성령의 교통하심이라고 말할 때 쓰는 교통을 말한다. 교통이 원활해야 모든 것을 순조롭게 할 수 있다. 도로에서도 교통이 막혀버리면 시간 낭비, 물질 낭비뿐 아니라 모든 것이 다 막히고 짜증나며 일이 지체된다. 그러므로 이와 같이 우리의 영도 성령의 교통하심이 충만하게 이루어져야 한다.

영의 기능

영적인 직관과 양심과 교통을 통해서 어떠한 일들이 일어나는가? 이제 이 세 가지를 통한 영의 기능을 알아 보도록 하자.

첫째, 구원이다. 타락한 이후 인간에게 죽음이 왔다. 타락 후 가장 먼저 지배를 받은 것은 영이다. 영이 하나님과 단절된 이후 하나님의 지배를 받지 못함으로써 마음도 부패하고 몸도 타락하게 된 것이다.

우리가 구원받는 것은 영의 구원이다. 물론 성경에서 질병의 치유를 구원이라는 의미로도 사용하고 있지만, 영의 기능 자체에서 가장 중요한 것이 구원이다. 구원받았다고 갑자기 성자가 되는 것이 아니다. 말씀도 잘 모르고 기도도 제대로 하지 않았기 때문에 변화도 받지 않았기에 세상적인 습관이 그대로 남아 있을 수 있다. 그러므로 구원받은 후 지, 정, 의가 영에 의해서 지배를 받아야 하나님의 온전한 사람이 될 수 있다.

> 이러므로 한 사람으로 말미암아 죄가 세상에 들어오고 죄로 말미암아 사망이 왔나니 이와 같이 모든 사람이 죄를 지었으므로 사망이 모든 사람에게 이르렀느니라(롬 5:12).

> 모든 사람이 죄를 범하였으매 하나님의 영광에 이르지 못하더니 (롬 3:23).

> 죄의 삯은 사망이요 하나님의 은사는 그리스도 예수 우리 주 안에 있는 영생이니라(롬 6:23).

구원 받으면 마음에 평안이 오고 기쁨이 온다. 믿지 않을 때는 걸림돌이 있거나 일이 잘 안 되면 두려움이 있었지만 이제는 오히려 그 일 가운데 하나님이 어떻게 행하실까, 그분이 원하시는 게 무엇일까 생각하게 된다. 그것을 육적인 눈으로 보면 걸림돌인데, 믿음의 눈으로 보면 디딤돌이 된다.

한 사람이 타락함으로 말미암아 죄가 세상에 들어왔다. 타락한 자의 자녀는 이미 타락한 상태에서 태어났기 때문에 타락한 자다. 노예의 자녀는 당연히 노예가 되는 것처럼 죄인의 자녀이기 때문에 당연히 죄인이다.

여기서 벗어나는 것이 구원이다. 예수님께서 죄의 삯은 사망이고, 모든 사람이 죄를 범해서 하나님의 영광에 이를 수가 없다고 말씀하셨다. 하나님의 영광에 이르기 위해서는 죄 문제를 해결 받아야 하는데 죄인이 이 문제를 스스로 해결할 길이 없다. 그래서 하나님께서 그 길을 놓아주셨는데 그것은 바로 예수 그리스도가 십자가에서 모든 것을 담당하신 것이다.

우리는 예수 그리스도의 보혈의 능력으로 영이 깨끗해졌다. 우리가 그것을 믿음으로 죄 사함을 받고, 믿음으로 성령을 받았으며, 믿음으로 하나님의 자녀가 되었다. 그리고 믿음으로 이것을 우리에게 확증시켜 주셨다. 또한 믿음으로 하나님의 뜻에 따라서 살아갈 수 있는 능력이 우리 가운데 역사하기 시작한다.

그러면 언제 이 직관과 양심과 교통이 이루어지기 시작하는가? 예수 그리스도를 믿고 성령, 곧 하나님의 영이 우리 안에 들어오셔야 이것이 회복되는 줄 믿기 바란다. 예수님을 믿는 데서부터 매듭이 풀리기 시작하는 것이다. 그러나 구원을 받았다고 해서 옛 습성이 없어지는 것이 아니다. 영은 구원받아도 하나님이 원치 않은 습관은 그대로 남아 있을 수 있다.

둘째, 확신으로, 그리스도 안에서 자신의 지위를 말한다. 성령께서 그리스도 안에서 우리에게 확실한 지위를 주신다.

> 영접하는 자 곧 그 이름을 믿는 자들에게는 하나님의 자녀가 되는 권세를 주셨으니(요 1:12).

영접하는 자, 곧 그 이름을 믿는 자, 예수 그리스도를 믿는 자에게는 하나님의 자녀가 되는 권세를 주셨다. 구원의 확신을 주시는 분은 성령이다. 또한 성령은 예수 그리스도를 이 땅에 보내 주셨고 동정녀 마리아에게 예수님이 잉태되도록 하신 분이다. 그리고 무덤에서 그분을 일으키시고 하나님 보좌 우편까지 인도하신 분도 성령이다. 마귀의 최고의 권세가 죽음인데, 예수님은 죽음을 깨뜨리고 부활하심으로 마귀의 권세를 깨뜨리셨다. 예수님을 죽은 자 가운데서 살리신 이의 영이 우리 안에 계신 줄 믿기 바란다.

예수님을 마음에 영접하고 모셔들이면 그 성령을 우리에게 선물로 주신다. 우리의 영적인 부분을 성령이 알게 하시고 깨닫게 하시고 회복시키신다. 그리고 하나님의 자녀가 되었다는 것을 우리에게 확증시켜 주신다.

> 또 증거는 이것이니 하나님이 우리에게 영생을 주신 것과 이 생명이 그의 아들 안에 있는 그것이니라(요일 5:11).

하나님 자녀가 되고 난 다음에 하나님의 축복을 받고 은혜를 받는 것은 하나님과의 관계 문제이다. 하나님께 순종하느냐 하지 않느냐의 문제이지 일단 예수 믿고 구원 받으면 하나님의 자녀가 된다. 부모의 속을 썩이는 자녀도 있고 부모를 기쁘게 하는 자녀도 있듯이, 예수 믿고 난 다음에 하나님의 뜻대로 살지 못한다고 해서 그 사람이 하나님의 자녀가 아니라고 할 수 없다. 다만 속을 썩이는 자녀일 뿐인데, 하나님의 자녀답게 살지 못하면 그리스도 안에서 지위를 제대로 누릴 수 없다. 하나님께 순종하는 자가 그분을 기쁘시게 할 수 있다.

셋째, 구원의 보장으로서 하나님과의 영원한 관계를 말한다.

> 누가 우리를 그리스도의 사랑에서 끊으리요 환난이나 곤고나 핍박이나 기근이나 적신이나 위험이나 칼이랴 기록된바 우리가 종일 주를 위하여 죽임을 당케 되며 도살할 양같이 여김을 받았나이다 함과 같으니라 그러나 이 모든 일에 우리를 사랑하시는 이로 말미암아 우리가 넉넉히 이기느니라 내가 확신하노니 사망이나 생명이나 천사들이나 권세자들이나 현재 일이나 장래 일이나 능력이나 높음이나 깊음이나 다른 아무 피조물이라도 우리를 우리 주 그리스도 예수 안에 있는 하나님의 사랑에서 끊을 수 없으리라 (롬 8:35~39).

내가 하나님 마음에 합당치 못한 것이 있어도 한 번 구원 받으면 성령을 거역하지 않는 한 하나님은 내가 그분의 자녀라고 말씀하신다.

"나는 믿고 싶다. 나는 능력 받고 싶다. 나는 기도를 더하고 싶다." 그런 생각은 들지만 그것이 되고 안 되고는 별개의 문제이다. 왜 그런가? 이것은 영적인 것이기 때문이다. 하나님의 사랑이 우리에게 충만하게 임하는 것은 영적인 부분에서 알 수 있다. 먼저 영적인 부분에서 하나님의 사랑을 안 다음, 그것이 삶으로 연결되는 것이다.

넷째, 예수 그리스도를 구주로 맞아들이는 영접이다. 내가 예수님 안에, 예수님이 내 안에 계시는 것이 영접이다. 우리가 전도할 때 불필요한 것을 자꾸 가지라는 듯이 너무 값싸게 예수님을 영접시켜서는 안 된다. 이 세상에서 가장 귀한 분이라는 것을 자신 있게 권해야 한다. 사람이 의지로 마음 문을 열고 예수님을 받아들여 믿고 시인하지만, 결국 이것은 영에서 이루어진다. 우리가 순종함으로 예수님을 주로 시인하게 될 때 영적인 역사가 일어나는 것이다. 그래서 우리가 예수님을 영접하고 구원받는 것은 처음부터 끝까지 다 하나님의 은혜다. 영접이라는 말은 예수 그리스도와 우리가 하나가 되었다는 것이다.

가장 능력있는 기도는 문제를 가지고 주님의 가슴 속으로 뛰어 들어가서 주님이 어떤 반응을 주시든 그것을 받아 가지고 나오는 것이다.

> 이는 그의 사랑하시는 자 안에서 우리에게 거저 주시는 바 그의 은혜의 영광을 찬미하게 하려는 것이라(엡 1:6).

> 무릇 그리스도 예수와 합하여 세례를 받은 우리는 그의 죽으심과 합하

여 세례 받은 줄을 알지 못하느뇨(롬 6:3).

세례는 예수의 죽음이 나의 죽음이며, 예수의 부활이 나의 부활이라는 것이다. 우리는 예수 그리스도와 하나 된 자다.

> 내가 그리스도와 함께 십자가에 못박혔나니 그런즉 이제는 내가 산 것이 아니요 오직 내 안에 그리스도께서 사신 것이라 이제 내가 육체 가운데 사는 것은 나를 사랑하사 나를 위하여 자기 몸을 버리신 하나님의 아들을 믿는 믿음 안에서 사는 것이라(갈 2:20).

갈라디아서 2장 20절 말씀처럼 우리의 남은 생애는 주님의 영광을 위해서 살게 되어 있다. 영접은 예수님과 내가 하나가 된 상태이므로, 나는 그분을 절대적으로 믿고 그분이 넘어지면 나도 넘어지고 그분이 서는 날 나도 서는 것이다. 그런데 그분은 쓰러지시는 일이 없다. 실패하시는 일이 없다. 나는 실패할 수 있지만 주님은 실패하지 않으신다. 그래서 예수 믿는 사람은 실패나 실수를 할 수는 있지만 실패자는 아니다. 예수 그리스도를 믿고 따라가는 동안 우리는 실패자가 되지 않는다. 다시 일어날 수 있고 다시 회복될 수 있다.

다섯째, 전적인 의탁은 그분에게 완전히 모든 것을 맡기는 것이다.
이 부분이 바로 의지까지 드린 결과로서 영적인 부분에서 이루어진다. 그분이 전적으로 옳다는 것을 믿고 나가는 것이다.

그러므로 형제들아 내가 하나님의 모든 자비하심으로 너희를 권하노니 너희 몸을 하나님이 기뻐하시는 거룩한 산 제사로 드리라 이는 너희의 드릴 영적 예배니라(롬 12:1).

전적인 의탁은 예배에서 시작된다. 로마서 1장에서 11장까지는 교리이고, 12~16장까지는 생활 편인데 그 첫 번째가 예배다. 신령과 진정으로 예배 드리지 못하면 그때부터 신앙이 식는다. 영적인 침체는 예배의 침체에서 온다. 구약에 보면 온전한 제사를 드리지 못할 경우 하나님이 진노하시는 것을 볼 수 있다. 의탁이라면 대개 자신의 의지로 의탁하는 것을 말하지만 스스로 주님 앞에 왔다고 할지라도 우리가 영적으로 그분께 의탁하고 나아갈 때 영혼에 참 만족과 기쁨이 시작된다.

혼이란 무엇인가?

혼은 지, 정, 의로 나눌 수 있다. 즉 생각과 감정과 의지다. 영의 법칙을 가지고 자연계를 지배할 수 있으나 자연계의 법칙을 가지고 영의 세계를 알 수 없다. 우리가 이 땅에서 자연계의 법칙을 따라 살지만, 영의 세계가 열려 있어 하나님과 교통이 이루어져야 하나님이 지으신 목적대로 살 수 있다.

혼의 기능

첫째, 그리스도의 마음과 주님께 대한 태도를 결정한다.

너희 안에 이 마음을 품으라 곧 그리스도 예수의 마음이니(빌 2:5).

우리가 아는 것 중에 최고의 기쁨은 무엇인가? 그리스도를 아는 것, 하나님의 마음을 아는 것, 하나님의 뜻을 아는 것, 하나님이 역사하시는 것을 아는 것이 최고의 기쁨이 되어야 한다. 그리고 우리의 마음과 태도에서 가장 중요한 우선 순위를 하나님께 두어야 한다.

마음은 우리 안에 들어 있는 것이고 태도는 우리의 행동을 움직일 수 있는 부분이다. 태도에 의해서 의지가 결정된다. 그래서 하나님에 대한 태도가 좋아야 한다는 것과 하나님의 마음을 품어야 한다는 것은 같은 말이다. 그리스도의 마음을 품으면 우리의 태도가 그렇게 바뀌어진다.

둘째, 혼은 그리스도께서 주신 힘과 능력이다. 영적인 능력은 우리의 지, 정, 의를 통해 나타나는데, 이것은 우리가 기도할 때, 손을 뻗칠 때, 바라볼 때 역사가 일어난다. 그래서 마음이 상한 것은 하나님만 고칠 수 있다. 하나님을 믿지 않는 사람도 지, 정, 의는 있지만, 타락한 본성을 가지고 있기 때문에 배운 사람일수록 더 크게 타락할 수 있다. 그런데 이것이 성령의 지배를 받기 시작하면 모든 지식이 하나님을 더 잘 믿는 도구로 사용된다. 하나님이 기뻐하시는 것을 나도 기뻐하고, 하나님이 좋아하시는 것을 나도 좋아하게 되면 의지는 몸을 통해 그대로 움직여지게 된다.

> 내게 능력 주시는 자 안에서 내가 모든 것을 할 수 있느니라(빌 4:13).

영적인 부분에서 이루어진 능력과 축복을 알고 나면 하나님이 어떤 분인지 알게 되고 그분이 전능자라는 것을 알게 된다. 그래서 그분이 내게 능력을 주신다면 내가 모든 것을 할 수 있다는 생각이 마음에 들어오게 되는 것이다.

셋째, 모든 필요를 충족시킨다. 이것은 물질적인 것도 해당되겠지만 모든 삶의 부분, 생각의 부분, 우리 마음의 부분까지 해당되는 총체적인 것이다.

> 나의 하나님이 그리스도 예수 안에서 영광 가운데 그 풍성한 대로 너희 모든 쓸 것을 채우시리라(빌 4:19).

하나님이 어떠한 분인가를 알고 나면 하나님께서 나의 삶 속의 세세한 부분까지도 다 채워 주시고 역사하시는 분이라는 것을 내 마음으로 알게 된다. 그래서 기도할 때 영적인 충만함이 온 다음에는 확신이 오는 것이다.

넷째, 모든 지각에 뛰어난 평강이다. 즉 생각과 마음에서 모든 지각에 뛰어난 평강이다.

> 아무것도 염려하지 말고 오직 모든 일에 기도와 간구로, 너희 구할 것을

감사함으로 하나님께 아뢰라 그리하면 모든 지각에 뛰어난 하나님의 평강이 그리스도 예수 안에서 너희 마음과 생각을 지키시리라 (빌 4:6~7).

우리의 마음과 생각이 영적인 것에 의해 지배를 받으면 영이 평안하고 마음이 편하고 기쁨이 있다. 이렇게 마음에 기쁨이 넘치고 영적인 소망이 넘치게 되면 소망의 말을 하게 된다. 믿음으로 충만해지므로 믿음의 말이 나가고 기쁨이 충만하므로 기쁨의 말을 하게 되는 것이다. 그리고 하나님이 어떤 분인지 확신이 있기 때문에 말할 때 하나님이 주시는 확신을 가지고 선포할 수 있다.

다섯째, 충만한 기쁨이다.

내가 이것을 너희에게 이름은 내 기쁨이 너희 안에 있어 너희 기쁨을 충만하게 하려함이니라(요 15:11).

무엇에 최고의 기쁨을 누리느냐에 따라서 삶의 방향이 달라진다. 세상 일도 기쁨으로 하는 사람들은 시간 가는 줄 모르고 한다. 하나님께서 구원받은 자녀들에게 주신 첫 번째 선물이 기쁨과 평강이다. 상황을 뛰어넘는 하나님이 주신 기쁨, 말할 수 없는 기쁨(unspeakable joy)이 있다. 이 기쁨은 세상에서 얻을 수 없는 것이다.

> 지금은 너희가 근심하나 내가 다시 너희를 보리니 너희 마음이 기쁠 것이요 너희 기쁨을 빼앗을 자가 없느니라(요 16:22).

그러나 지, 정, 의 부분에서 능력이 없거나 하나님의 영적인 것에 의해 지배받지 못하면 열등감, 불안감, 불만족, 죄책감(실제적, 상상적), 염려, 의심, 두려움이 생기게 된다.

첫째, 열등감이 생긴다. 배우지 못하면 배우지 못하는 대로, 느끼지 못하면 느끼지 못하는 대로, 의지가 없어서 행하지 못하면 행하지 못하는 대로 열등감을 느낀다.

둘째, 불안하다. 세상에서 높은 위치에 올라간 사람은 마음속에 늘 불안이 있다.

셋째, 불만족한 사람은 이것 저것 다 해봐도 만족할 수 없다. 일이 잘 되면 잘 되는 대로, 안 되면 안 되는 대로 불만이 있다. 그 사람은 일이 잘 되도 문제고 안 되도 문제다. 그러나 이 부분이 해결되면 자유함을 얻는다.

넷째, 죄책감이 생긴다. 이것은 자신이 직접 죄를 지은 데에 대한 실제적 죄책감과 영의 지배를 받지 않기 때문에 하나님의 기준이 아니라 자신의 상상으로 갖는 죄책감이 있다.

다섯째, 염려다. 요즘은 세상의 염려를 다 지고 다니는 사람들이 아주 많다. 그 사람은 자기 문제도 해결하지 못하면서 신문이나 뉴스에서 본 것들까지도 걱정한다.

여섯째, 마음이 불안한 사람은 의심이 많다. 그리고 두려움이 있다. 그런데 이런 것들은 모두 함께 따라 다니는 경향이 있다. 속더라도 그냥 믿는 사람은 마음이 편하다. 그래서 믿음이 있는 사람은 마음이 편하다.

혼이 영의 지배를 받지 못할 때 우리의 생각에는 어떤 문제가 생기는가? 공상, 정신분열증, 편집증, 강박관념 같은 것들이 생길 수 있다. 공상에서 조금 지나친 것이 편집증이다. 몸은 여기 있는데 마음과 생각은 다른 데 있어서 엉뚱한 일들이 벌어지기도 한다. 문화가 발달하면 할수록 편집증 환자들이 많아진다. 그래서 교통사고 같은 것도 다른 생각을 하다가 발생하는 경우가 많다.

또한 강박 관념이 생기면 생각이 자꾸 좁아지기 시작한다. 아는 것도 생각나지 않는다. 그래서 많이 배워도 배운 것을 사용하지 못한다. 공부를 그렇게 잘했다고 하는데 일하는 것을 보면 아무 것도 모르는 사람과 똑같다. 그것은 그 사람이 공부를 정말 못한 것이 아니라 알지만 그것을 사용하지 못하기 때문이다. 강박 관념이 없는 사람은 아는 것이 많지 않아도 그것을 잘 사용한다. 이 사람은 조금 아는 것으로도 일생을 풍성하게 산다. 반면에 강박 관념이 있는 사람은 풍성하게 소유하고도 강박 관념 때문에 일생 동안 강퍅하게 사는 것이다.

그리고 감정이 영에 의해 지배받지 못하면 억압당하거나 초조하게 된다. 웃어야 할 때 웃지 못하고, 울어야 할 때도 울지 못하고, 기뻐해야 할 때도 함께 기뻐하지 못한다. 이 모든 것이 자신, 가정, 사회생활, 직장, 사업, 신앙생활에 직접적으로 중대한 영향을 미친다.

몸의 기능

첫째, 몸에는 시각, 청각, 후각, 미각, 촉각의 다섯 가지 감각이 있다.

둘째, 몸은 환경과 관계가 있다. 그래서 추우면 옷을 따뜻하게 입고 더우면 시원하게 입는다.

셋째, 건강의 지표다. 영이 건강해지면 마음과 생각과 감정과 의지도 건강해진다. 그래서 마음에서부터 기쁨이 넘치면 얼굴이 달라진다.

> 항해하는 자와 바다 가운데 만물과 섬들과 그 거민들아 여호와께 새 노래로 노래하며 땅 끝에서부터 찬송하라 광야와 거기 있는 성읍들과 게달 사람의 거하는 촌락들은 소리를 높이라 셀라의 거민들은 노래하며 산꼭대기에서 즐거이 부르라 여호와께 영광을 돌리며 섬들 중에서 그의 찬송을 선전할지어다(사 42:10~12).

기름 부으심을 받는다는 것

지금까지 우리는 영, 혼, 육에 대해서 살펴보았다. 그러면 우리가 이 땅에 살면서 구원받은 것을 제외하고 신앙생활에서 가장 중요하게 생각하는 것이 무엇인가? 그것은 끊임없이 성령의 기름 부으심을 받는 것이다.

예수 믿고 구원받은 사람은 누구나 하나님의 뜻에 따라 살기 원한다. 그러면 어떻게 하나님의 뜻을 좇아 살아갈 수 있는가? 그것은 일반적인 훈련으로 되는 것이 아니라 성령의 기름 부으심을 계속 받을 때 가능하다. 성령께서 삶의 현장에서 지혜도 주시고 능력도 주셔서 하나님의 뜻을 따라 살 수 있도록 역사하시는 줄 믿기 바란다.

그러면 언제 성령의 기름 부으심이 우리에게 충만히 채워지는가? 나 자신을 버리고 포기할 때 채워진다. 하나님 앞에서 내가 소유한 것, 내가 붙들고 있는 것들을 비워야 한다. 나 자신을 비울 때 하나님이 임재하신다. 성령의 능력이 삶 속에 나타날 때 모든 혼란이 사라진다. 이것은 하나님의 인도를 계속적으로 받는 길이며 세상에서 빛을 발할 수 있는 능력이다.

성령의 기름 부으심을 받는 가장 중요한 방법은 기도다. 우리가 기도를 통해서 하나님의 능력을 체험하기 전까지는 하나님의 뜻이 무엇인지 알 수 없다. 어떠한 사람도 자기의 수단과 방법을 가지고는 기름 부으심을 받을 수 없다. 하나님의 임재하심을 체험해야만 기름 부으심의 능력을 알 수 있다.

하나님의 임재 가운데 가장 빨리 들어가는 방법은 찬양하는 것이다. 찬양 중에 하나님의 임재 속에 들어가면 바로 그 순간에 기름 부으심으로 채워지기 시작한다. 성령의 임재가 나타나기 시작할 때 사람들에게 기쁨이 있고 마음에 평강이 생기며 그들을 누르고 있던 악한 영들의 세력은 떠나가기 시작한다.

밖에서 생활하던 사람들이 교회에 들어왔을 때 말씀을 받지 못하게 하는 생각들로 가득 차 있는데 성령의 임재 가운데 들어오면 그런 부분들이 다 걸러지고 자유함을 얻는다. 그때 말씀이 들어가야 옥토 같은 심령에 30배, 60배, 100배의 결실을 맺는 줄 믿기 바란다.

요한일서 2장 20절에 "거룩하신 자에게서 기름 부으심을 받으면 모든 것을 알게 된다"고 했다. 하나님의 말씀은 성령의 감동으로 쓰여졌기 때문에 성령의 기름 부으심을 통해서 감동이 와야 그 말씀이 내 영혼의 양식으로 들어온다. 그렇지 않으면 이것은 도덕이요, 윤리일 뿐이다.

하나님의 말씀은 도덕책이나 윤리책이 아니다. 이것은 영혼의 양식이다. 이 영혼의 양식을 똑바로 먹고 튼튼해져 영에 의해서 우리 마음과 생각과 모든 부분이 하나님의 능력으로 비췸을 받기 시작하면 그 다음부터 우리의 육체는 성령을 좇으며 하나님의 기쁘신 뜻을 따라서 살아가게 되어 있다.

구약에 보면 성막에 일곱 금촛대가 계속해서 기름을 공급해야만 성소가 밝혀질 수 있었다. 그러므로 우리는 성령의 기름부으심을 계속 공급 받아야 한다. 우리가 악한 영들과 대적해서 싸울 때 우리 스스로는 알 길이 없지만 기름 부으심을 받으면 알 수 있다.

나는 이 능력을 가지고 사역하는 목사님들을 몇 년씩 따라 다닌 적이 있다. 그런데 현장에서는 나타나는 것 같은데 돌아와서는 안 되는 것이었다. 참 이상했다. 사람들은 "나는 오랫동안 좇아 다녔는데 아직 때가 안 되었나 봐"라고 한다. 그러나 성경은 "지금이 은혜받을 때요 지금이 능력받을 때며 지금이 그 축복과 놀라운 역사를 체험할 때"라고 한다. 지금 가능하다. 부정적인 생각을 깨뜨리고 생각에서 걸림돌이 되는 것이나 잘못된 것을 다 회개하고 제거시킨 후 기름부음을 충만히 받고 나면 바뀌기 시작한다.

전에는 내가 말씀을 보고 지은 죄가 무엇인지 생각해 보고 '아, 이것이 잘못 되었구나' 하면서 회개했는데, 성령의 기름부음을 받고 나서는 말씀을 읽을 때 성령께서 내 속에 있는 모습을 다 드러내셨다. 그리고 그 자리에서 말씀으로 해결받게 하셨다. 기름 부으심을 받으면 이런 일들이 일어난다.

너희는 거룩하신 자에게서 기름 부음을 받고 모든 것을 아느니라 (요일 2:20).

너희는 주께 받은바 기름 부음이 너희 안에 거하나니 아무도 너희를 가르칠 필요가 없고 오직 그의 기름 부음이 모든 것을 너희에게 가르치며 또 참되고 거짓이 없으니 너희를 가르치신 그대로 주 안에 거하라(요일 2:27).

성령이 임재하실 때 나타나는 것들

성령의 임재하심을 맞이할 때 나타나는 일곱 가지 아름다운 일들을 로마서 8장에서 발견할 수 있다.

> 그러므로 이제 그리스도 예수 안에 있는 자에게는 결코 정죄함이 없나니 이는 그리스도 예수 안에 있는 생명의 성령의 법이 죄와 사망의 법에서 너를 해방하였음이라(롬 8:1~2).

첫째, 죄로부터 해방된다. 성령께서 우리에게 죄를 기억나게 하셔서 회개케 하신다. 생명의 성령의 법이 죄와 사망의 법에서 우리를 완전히 해방시켰다고 말씀하고 있다. 죄 문제가 해결된다는 것이다. 하나님의 말씀을 지키는 것은 내 능력과 지혜로는 할 수 없고 내 안에 계시는 성령이 하시는 일인 줄 믿기 바란다. 그래서 성령께서 나를 이끌어 가시도록 그분에게 모든 것을 맡겨야 한다.

> 율법이 육신으로 말미암아 연약하여 할 수 없는 그것을 하나님은 하시나니 곧 죄를 인하여 자기 아들을 죄 있는 육신의 모양으로 보내어 육신에 죄를 정하사 육신을 좇지 않고 그 영을 좇아 행하는 우리에게 율법의 요구를 이루어지게 하려 하심이니라(롬 8:3~4).

둘째, 성령님을 좇는 것을 배움으로써 의로움이 삶 속에 자연스럽게 들어오게 된다. 영을 좇는 자는 육신으로 말미암아 연약하여 할 수 없는 것을 하나님이 하게 하신다. 성령님이 우리 안에서 행하신다. 그래서 육신을 좇지 않고 영을 좇아 행하는 우리에게 율법의 요구까지 다 이루어지게 하신다. 우리는 성령을 좇아가는 자이지 율법 아래 있는 자가 아니다. 이제는 율법의 문제가 해결된 자다.

성령을 좇지 않고 계속해서 말씀만 배우면 배울수록 자유함이 없어진다. 말씀을 들으니까 이것도 죄고 저것도 죄다. 우리가 죄라는 것을 깨달을 때 그 문제가 해결되면 자유함을 얻겠지만, 그것이 해결되지 않고 계속해서 누적이 되니까 문제가 되는 것이다.

그래서 처음 예수 믿은 사람이 교회에서 기쁨을 제일 많이 누린다. 10년, 20년 될수록 더 기쁨이 없고 굳어져 있는 경우가 다반사다. 왜 그러한가? 말씀을 많이 알지만 그 말씀이 율법이 되어서 오히려 짐이 되기 때문이다. 그러나 성령을 좇아 행하면 율법의 모든 요구가 다 이루어졌기 때문에 알면 알수록 더 기쁜 것이다. 말씀을 사모하는 것이다. 진리를 알지니 진리가 너희를 자유케 하리라는 말씀처럼 말씀이 나를 자유케 하니까 그 다음부터 말씀을 듣고 예배드리는 것이 너무나 좋은 것이다. 말씀을 듣고 예배를 드리면 드릴수록 우리는 더 자유함을 느껴야 한다. 무거운 짐을 가지고 교회 왔다가도 말씀과 예배 속에서 자유함을 얻고 갈 수 있어야 한다. 영을 좇는 자에게는 축복이 있다.

셋째, 생각이 변화된다.

> 육신을 좇는 자는 육신의 일을, 영을 좇는 자는 영의 일을 생각하나니
> 육신의 생각은 사망이요 영의 생각은 생명과 평안이니라(롬 8: 5~6).

영을 좇는 자는 마음이 편안해진다. 그리고 미래에 대한 소망이 넘친다. 세상 사람들은 세상 비전을 아무리 붙들어도 그것을 성취하고 나면 끝이다. 그러나 성령을 좇는 우리에게는 비전이 자연스럽게 오게 되어 있다. 하나님이 주신 비전을 갖고 일하기 때문에 더 확신이 있는 것이다. 나의 마음이 육신의 일을 좇는 것으로부터 해방시켜 주며 영의 일을 좇도록 도와 준다.

넷째, 완전한 평안을 얻는다.

> 육신의 생각은 사망이요 영의 생각은 생명과 평안이니라(롬 8:6).

성령을 따라 살면 이 세상이 줄 수 없는 기쁨과 평안을 누리게 된다.

다섯째, 온전한 치유를 받는다.

> 그리스도 예수를 죽은 자 가운데서 살리신 이가 너희 안에 거하시는 그의 영으로 말미암아 너희 죽을 몸도 살리시리라(롬 8:11).

예수를 죽은 자 가운데서 살리신 이의 영이 너희 안에 거하시면 죽은 자를 살릴 수 있는 영이 우리 안에 거하므로 하나님의 영을 좇는 우

리에게는 온전한 치유의 역사가 일어날 수 있다. 온전하다는 것은 영적인 치유, 마음의 치유, 육신의 치유가 일어난다는 것이다.

여섯째, 자기 자신에 대해서는 완전한 죽음을, 하나님께 대해서는 완전한 생명을 얻게 된다.

> 너희가 육신대로 살면 반드시 죽을 것이로되 영으로써 몸의 행실을 죽이면 살리니(롬 8:13).

> 내가 그리스도와 함께 십자가에 못박혔나니 그런즉 이제는 내가 산 것이 아니요 오직 내 안에 그리스도께서 사신 것이라 이제 내가 육체 가운데 사는 것은 나를 사랑하사 나를 위하여 자기 몸을 버리신 하나님의 아들을 믿는 믿음 안에서 사는 것이라(갈 2:20).

일곱째, 하나님을 아버지라 부르며 아버지와 친밀하게 된다.

> 무릇 하나님의 영으로 인도함을 받는 그들은 곧 하나님의 아들이라 너희는 다시 무서워하는 종의 영을 받지 아니하였고 양자의 영을 받았으므로 아바 아버지라 부르짖느니라 성령이 친히 우리 영으로 더불어 우리가 하나님의 자녀인 것을 증거하시나니(롬 8:14~15).

하나님 아버지는 육신의 아버지와는 다른 분으로 영원토록 나와 함게 하시는 아버지요, 전능자다. 그래서 우리가 아바 아버지라 부를 수 있다.

성령의 임재와 성령의 기름부으심을 받으면 이와 같은 축복이 우리에게 임하는데 이 축복을 지속하기 위해서는 대가를 지불해야 한다.

성막을 통해 본 하나님의 임재

성막을 보면 성막뜰과 성소, 지성소가 있다. 뜰은 육을 상징하고 성소는 혼을 상징하며 지성소는 영을 상징한다. 뜰은 계속해서 번제를 드리는 곳인데, 이것은 죄 사함을 받는 것이다. 그 다음에 물두멍에서 죄를 씻는다. 여기는 육이 죽는 곳이다. 성소에는 일곱 금촛대와 분향단과 떡상이 있다. 들어가서는 말씀(떡)을 먹는다. 여기에 있는 일곱 금촛대는 금덩어리 하나를 가지고 망치질해서 만든 것이다. 예수를 믿기 위해서 고난도 받지만 참고 인내하면 세상에서 빛을 발하게 된다.

이런 부분들이 혼적인 부분에서 일어나는데 여기서는 우리의 생각과 마음이 하나님의 생각으로 바뀌어지고 말씀을 사모하고 갈급하게 된다. 말씀을 배우는 데서 끝나 버리면 나중에는 "나는 배울 만큼 배웠다" 하면서 끝나 버린다.

예를 들어, 하나님의 사랑에 대해서 배웠다고 하자. 고린도전서 13장도 다 외우고 하나님의 사랑에 대해서 배울 때는 너무 좋았으나 나중에는 무디어져서 "하나님이 사랑이신 것은 당연하지. 그것을 안 믿는 사람이 어디 있겠는가?"라고 말한다. 그렇게 배우기만 하면 무디어진다.

"하나님은 사랑이시다. 사랑은 오래 참는다"라는 말씀을 그냥 배우기만 할 때는 아무 감동이 없지만 "하나님 제가 이렇게 하나님 말씀 어기며 살아왔는데도 저를 사랑하세요?"라고 기도하고 나서 "그래도 나는 너를 사랑한다"라는 음성을 들으면 우리는 그 말씀에 완전히 깨어지게 된다.

100번 보고 들은 것보다 그분이 직접 나의 마음 속에 한번 부어주시는 말씀 한 구절이 일생을 바꾸어 놓는다.

나는 성령의 은사라는 말을 한번도 들어보지 못했을 때 안수받고 방언을 하게 되었다. 그때 성령의 임재 가운데 있을 때 하나님의 음성이 들려왔다. 2년 넘게 여기 저기 다니면서 많이 들어왔던 것이지만, 내 영혼에 그분이 직접 한 번 역사하시면 과거에 이루어졌던 모든 것들이 그때를 위함이라는 것을 알게 된다. 이제는 그때 나를 변화시키신 그 하나님을 따라가고 있다.

언젠가 한 번은 어떤 분을 만나서 얘기를 했는데 사도행전에 대해서 아주 잘 가르치는 곳이 있다고 했다. "그렇게 잘 가르친다는데 어떻습니까?"라고 내가 묻자 "좋기는 좋은데 나의 삶과는 아무런 관계가 없어서 괴롭습니다"라고 대답했다. 사도행전에는 여러 가지 능력이 나타나고 옥문이 열리고, 점치는 여종에게 있던 귀신이 쫓겨나가고 역사가 일어나는데 자신의 삶과는 아무런 관계가 없다는 것이다.

그래서 처음 배울 때는 너무 좋았는데 자신이 가르칠 실력이 되어서 다른 사람을 가르치는 입장이 되자 점점 더 마음이 곤고해진다는 것이다. 저 사람도 자꾸 배우면 나처럼 될텐데 하는 생각 때문일 것이다.

그러면 왜 이런 일들이 일어나는 것일까? 하나님의 말씀이 영적인 부분을 뚫고 들어가야 하는데 그렇지 못하기 때문에 그런 일이 생기는 것이다. 이것은 성령의 기름 부으심을 통해서 이루어진다. 그리고 기름 부으심은 기도를 통해서 받을 수 있다.

이렇게 영적인 세계를 한 번 체험하고 나면 나의 영이 그 세계를 사모하게 된다. 시편에는 "우리의 육체는 주님을 앙모하고, 혼은 주님을 갈망하며 영은 주님을 사모한다"고 말씀하고 있다. 이것이 바로 우리가 기름 부으심을 받기 위해 치러야 할 대가이다.

첫째, 내 영혼이 주님을 앙모하면 어떤 일이 일어나는가? 먼저 기도하게 된다. 성전 뜰은 기도하는 곳이다. 여기서는 조용히 기도하는 것이 힘들다. 부르짖어야 한다. 그곳은 하나님께서 육체를 다루시는 곳이요, 육체를 십자가에 못박는 곳이다. 또한 죄 사함 받고 구원받는 곳이요, 고된 투쟁이 있는 곳이다. 이제 막 영적으로 구원은 받았지만 아직 영적으로 성숙하지 못해서 갈등이 많다. 아직 삶이 변화되지 않아 고된 투쟁이 있다.

우리가 생각하고 있는 것은 우리의 죄와 실패와 우리의 욕망뿐이다. 마음속에 죄에 대한 생각, 실패, 세상적인 성공으로 가득 차 있다가 이 단계에 오면 성공이나 세상적인 출세가 전부가 아니라는 것을 알게 된다. 과거에는 목표를 세우고 나는 인생을 이렇게 살겠다고 했는데 예수님을 만나고 하나님이 나의 육체를 다루시면 목표가 바뀌어지기 시작한다.

그렇지만 아직까지 약간의 혼동이 있다. "그래도 그런 세상적인 것들이 필요한데"라고 생각하다가 교회에 가면 "그게 아닌데"라는 생각이 들고 여러 가지 갈등이 있다. 아직까지 변화받지 못해서 내 자신에게 있는 옛 습관이 계속해서 나온다. 이것이 반복된다.

또한 하나님께서는 멀리 계신 것같이 보인다. 그래서 부르짖는다. 죄 문제가 온전히 해결되지 않으면 주님과의 관계가 멀어진다.

그리고 이때는 조그마한 것이라도 받게 되면 놀란다. 기도했는데 하나님이 응답을 주시면 깜짝 놀라서 어쩔 줄 모른다. 작은 것을 받아도 주체하지 못한다.

성전 뜰에서 죄를 해결하고 말씀으로 씻고 나면 그 다음에는 성소로 들어가게 된다. 여기는 고단하고 쉬고 싶은 곳이다. 무릎을 꿇고 기도하면 할수록 육체의 소욕은 조금밖에 남지 않게 된다. 기도하면 할수록 육은 점점 더 약해지고 영은 강해져서 영이 지배하게 된다.

둘째, 하나님을 갈망하게 되면 어떻게 되는가?

하나님이여 사슴이 시냇물을 찾기에 갈급함같이 내 영혼이 주를 찾기에 갈급하니이다 내 영혼이 하나님 곧 생존하시는 하나님을 갈망하나니 내가 어느 때에 나아가서 하나님 앞에 뵈올꼬(시 42:1~2).

우리 영혼이 하나님을 갈망하면 살아계신 하나님께 나아가서 하나님의 임재하심을 바라게 된다. 우리의 혼이 갈망하던 물을 발견하면 자연히 배에서 생수의 강이 넘쳐나기 시작한다. 갈망할 때 성령의 은사가 나타나기 시작한다. 또한 이때 하나님께서 신령한 것, 좋은 것을 주신다. 그때 나는 성소 안에 있는 것을 발견하게 된다. 이때 나는 모든 부분에서 감사하게 된다.

감사가 없는 사람은 "나는 뜰이 좋아요" 하고 뜰에만 머물고 죄가 무엇인가 회개하는 단계에서 끝나는 것이다. 그러나 여기에 오면 그 단계를 벗어났기 때문에 늘 감사가 넘친다.

셋째, 내 영혼이 주님을 사모하게 되면 어떻게 되는가?

주님을 사모하는 것과 자신을 죽이는 것이 기름 부으심보다 먼저 와야 한다. 앙모하는 단계(뜰)에서는 평안함이 별로 없다. 그리고 부르짖는 기도를 하다가 갈망하는 단계(성소)에 오면 감사하게 되고 주님의 사랑을 느끼게 된다. 뜰에서는 춤을 추지 않지만 성소에서는 대제사장들이 감사함으로 춤을 춘다.

성소에서는 떡도 먹고 기도도 하지만 내 영혼이 사모하는 단계인 지성소에 들어가면 아무 것도 하지 않는다. 기도도 하지 않는다. 노래도 하지 않는다. 그저 잠잠히 기다리며 "주님, 말씀하시고 행하시옵소서"라고 할 뿐이다. 간구하거나 마음을 토해 놓지도 않는다. 그것은 성소에서 하는 것이다. 지성소에서는 가만히 하나님께서 들려주시고자 하는 것을 듣고 나와서 순종하는 것이다.

그래서 지성소 안에서 나의 영과 하나님의 영이 완전히 하나가 된다. 하나님의 깊은 것을 통달하신 성령이 내 영과 하나되어 그분의 비밀을 가르쳐 주시고 그분의 뜻도 가르쳐 주시고 그분이 나를 통해서 행하시고자 하는 모든 것을 공급하시는 것이다.

뜰에 있는 사람이 성소에 있는 사람의 기분을 알 수 없다. 또한 성소에 있는 사람은 지성소가 어떤 곳인지 알 수 없다. 뜰에서는 목이 제일 많이 쉰 사람이 기도를 제일 많이 한 사람이다. 그런데 성소에서는 제 목소리를 낸다. 지성소에서 이루어진 일을 어떻게 표현할 수 있겠는가? 표현할 길이 없다.

요리책을 본다고 해서 배가 부른가? 오히려 더 허기질 뿐이다. 성소와 뜰에서만 신앙생활을 하려고 몸부림치면 자꾸 허기가 진다. 내 영혼이 채워지지 않는다. 그러나 지성소에서 한번 체험하고 나면 그 다음부터 우리의 고백이 달라진다. "주님, 이 세상에 아무리 좋은 것이 있어도 저는 이것을 원합니다."

이런 체험을 하고 나면 그 다음부터는 예수님께 완전히 빠지게 되는 것이다. 그 속에 있는 아름다움, 그 속에 있는 충만함, 그 사랑, 그 은혜, 그 축복, 그 역사를 무엇으로 표현하겠는가?

미국 집회에 온 한국인 목사님들이 통역을 하는데도 알아들을 수가 없다고 해서 통역하는 사람에게 물어보았더니 자기도 알기는 아는데 어떻게 표현할 수가 없다는 것이다. 그래서 통역관이 대충 통역을 했더니 한국인 목사님들이 더 답답해 하더라는 것이다. 통역하는 사람은 강사의 이야기를 30퍼센트도 알아 듣지 못했고, 그 통역을 들은 사람은 그것의 절반도 이해하지 못했던 것이다.

그 모습을 보면서 '과연 성령의 감동으로 성경을 쓴 사람들이 성령께서 주신 것, 지성소 안에서 받은 것을 얼마나 표현했을까' 라는 생각이 들었다. 우리가 알아 들을 만큼 표현한 것이지 그 세계를 다 표현할 수는 없었을 것이다. 그래서 요한복음에 표현하기를 만약 하나님께서 행하신 일들을 다 기록한다면 이 지구와 우주를 다 놓고 쓴다고 해도 다 기록할 수 없다고 했다.

이 충만함이 오늘날에도 역사하고 있다. 그러니까 우리는 세상 것이 부족해도 하나님의 충만함으로 채워지기 때문에 세상 사람들이 가질 수 없는 기쁨과 평강, 하나님의 충만함으로 날마다 승리하게 되는 줄 믿기 바란다.

"이 충만함이 나에게 역사하여 주시되 이것이 성령의 기름 부으심을 통해서 내 생애 속에서 지속되게 하소서."

> 주의 폭포 소리에 깊은 바다가 서로 부르며 주의 파도와 물결이 나를 엄몰하도소이다(시 42:7).

성령의 기름 부으심을 받으면 아무리 갈급한 상태, 혹은 밑바닥에서 출발한다 하더라도 폭포가 쏟아지듯, 파도가 밀려오는 하나님의 큰 사랑을 체험할 수 있다.

제3장
영적인 치유

왜 영의 치유가 우선되어야 할까?

영의 기능 세 가지

영적인 기능이 손상될 때 일어나는 일들

영적 손상의 원인

양심이 손상되는 까닭은?

영적 교통을 방해하는 장애물들

영적 치유가 필요할 때

영의 치유와 성령의 역사

제3장
영적인 치유

왜 영의 치유가 우선되어야 할까?

영의 치유란 하나님과 우리의 관계가 새롭게 회복되는 것으로 여러 가지 치유 가운데서도 가장 근본적인 것이다.

영적인 질병이 생긴 근원은 창세기 3장 1~24절까지의 내용에서 살펴볼 수 있다. 처음에 아담과 하와는 영적으로 건강한 상태로 하나님과 교제했다. 그리고 서로간의 관계도 화목하고 기쁨에 차 있었다

그러나 사탄의 꾀임에 넘어가 선악을 알게 하는 실과를 먹음으로 하나님께 불순종하게 됨으로써 죄가 인류에게 들어오게 되었다. 그 결과 인간에게는 엄청난 불행이 닥쳐 왔다. 먼저 죄는 그들의 마음에 수치심을 일깨워 주었다. 아담은 자기 죄에 대한 책임을 하와에게 돌림으로

그들의 관계가 깨어지게 되었다.

범죄한 아담과 하와는 하나님의 낯을 피해서 숨었다. 즉, 그들이 범한 죄로 인해 죄의식을 느낌으로 하나님을 피하게 되었고 결국 에덴동산에서 쫓겨나게 되었다. 그들의 죄로 인해 하나님과의 관계가 단절된 것이다.

그뿐 아니라 그들의 마음이 죄로 인하여 변질되었다. 죄로 인한 두려움으로 이제 더 이상 하나님과 자유롭고 화목한 관계를 가질 수 없게 되었다. 또한 죄 때문에 육체적인 노동을 함으로써 고통과 좌절감이 뒤따랐으며 인류에게 죽음이 찾아왔다. 이렇게 아담과 하와의 영적인 타락으로 인간의 삶은 모든 영역에서 위기에 처하게 되었다. 이런 영적 질병의 근원을 살펴볼 때 어떤 치유보다도 영의 치유가 우선되어야 한다는 것은 너무나 당연한 일일 것이다.

> 평강의 하나님이 친히 너희로 온전히 거룩하게 하시고 또 너희 온 영과 혼과 몸이 우리 주 예수 그리스도 강림하실 때에 흠 없게 보전되기를 원하노라(살전 5:23).

죽음은 영과 육이 분리되는 것 데살로니가전서 5장에 보면 영과 혼과 육에 대해서 이야기하고 있다. 인간이 타락할 때 가장 먼저 영향을 받은 것이 영이다. 타락은 끊어져서 떨어져 나왔다는 뜻이다. 또한 다른 말로 영적인 의미에서 죽음이라고 말한다. 그래서 예수 그리스도의 생명이 없으면 죽은 영이라고 하는 것이다. 많은 사람들이 죽음은 끝이라고 생각하지만, 원래 죽음은 분리라는 뜻이다.

기독교에서 그렇게 이야기하고 있을 뿐 아니라 영적인 세계를 다루는 분야에서는 영이 육에서 분리되어서 빠져나가는 것을 죽음이라고 한다. 육은 시간과 공간을 초월하지 못하지만 영은 죽지 않는다. 영은 영원히 존재한다. 그러므로 구원받은 영혼은 하나님 나라에서 영원히 살지만 죽은 영혼, 하나님에게서 떨어져 나온 타락한 영혼은 영원히 불못에서 사는 것이다.

하나님에게서 분리되는 것은 영원한 생명에서 분리되는 것으로 죽은 것이다. 왜냐하면 영원한 생명은 하나님께로부터 오기 때문이다. 그래서 하나님 없이 사는 인생은 마치 수반에 꽂힌 꽃과 같다. 가지를 잘라서 수반에 꽂아 놓으면 꽃에서 향기가 난다. 하지만 그 꽃은 일주일이나 열흘이면 쓰레기통에 들어간다. 왜 그런가? 잠깐 생명이 있는 것 같지만 생명이 공급되지 않아서 향기를 잃어버리고 시들어 버리는 것이다.

요한복음 15장에 보면 예수님은 포도나무요 우리는 가지라고 말씀하고 있다.

나는 포도나무요 너희는 가지니 저가 내 안에 내가 저 안에 있으면 이 사람은 과실을 많이 맺나니 나를 떠나서는 너희가 아무것도 할 수 없음이라 사람이 내 안에 거하지 아니하면 가지처럼 밖에 버리워 말라지나니 사람들이 이것을 모아다가 불에 던져 사르느니라(요 15:5~6).

우리 인생도 이와 같다. 가지가 원줄기에서 끊어져 나오면 수분을 빨아들이는 순간만 잠깐 살아 있지 계속해서 살 수가 없다. 그래서 이 잘라진 가지를 다시 접목시켜야 한다. 그런데 가지가 생명을 잃어 더 이상 모든 세포조직들이 제 기능을 발휘하지 못하게 되면 접목을 시킬 수가 없다. 싱싱해서 살아 있을 때 해야 한다. 마찬가지로 우리도 살아 있을 때 이 땅에서 구원을 받아야 한다. 우리가 원줄기인 예수님에게서 생명을 공급받아야 영생에 이를 수 있다.

하나님께서는 인간을 영적인 존재로 만드셨다. 그래서 창세기 2장 7절에 보면, 우리를 생령이라고 표현했다. 예수를 믿지 않는 사람들도 기능적으로는 영을 가지고 있기 때문에 이방 종교를 믿을 수 있다. 인간은 영적인 존재이기 때문에 영적 갈급함을 느낀다. 그래서 심지어 글자도 없고 문명의 혜택을 전혀 받지 못하는 사람들도 우상을 섬긴다. 영의 기능이 발휘되기 때문에 악한 영도 받아들이고 악한 영과 접할 기회도 갖는 것이다.

하나님과 분리된 상태는 이미 영원한 생명에서 떨어져 나왔기 때문에 영적인 죽음이라고 한다. 우리는 과거에 예수 믿기 전에는 영원한 생명에서 떨어진 타락한 영혼, 죽을 수밖에 없는 영혼이었다. 그러나 이 땅에 살아 있는 동안 하나님의 생명이 우리 안에 들어올 때 영혼은 다시 영원한 생명을 얻게 된다.

믿지 않는 사람들의 영은 하나님의 영원한 생명, 영원한 능력이 그 속에 없기 때문에 마귀의 침투나 지배를 받도록 열려져 있다. 그런데 요한복음 10장 10절에 보면 "도적이 오는 것은 도적질하고 죽이고 멸망시키는 것뿐이지만, 예수님은 양으로 생명을 얻게 하고 더 풍성히 얻게 하기 위해 오셨다"고 한다.

영은 육체의 주인이다. 육체는 상자와 같다. 우리가 상자를 소중하게 다루는 것은 그 상자가 귀하기 때문이 아니라 그 상자 안에 있는 물건이 중요하기 때문이다. 일단 상자에서 물건을 꺼내고 나면 그 상자는 버리는 것처럼 영이 떠나면 우리가 귀하게 여기던 육체는 땅 속에 묻고 밟아 버린다. 영혼이 빠져나가면 육체는 아무 쓸모가 없기 때문이다.

그러나 영은 죽지 않는다. 육체와 분리된 영은 이제 어디론가 가야 하는데 이 땅에서 사는 동안 하나님과의 관계가 회복되어야 구원받는다. 우리의 목숨이 끝나고 나면 더 이상 구원받을 기회도 없고 영원한 불 못에 떨어진다.

> 또 그리스도께서 너희 안에 계시면 몸은 죄로 인하여 죽은 것이나 영은 의를 인하여 산 것이니라 예수를 죽은 자 가운데서 살리신 이의 영이 너희 안에 거하시면 그리스도 예수를 죽은 자 가운데서 살리신 이가 너희 안에 거하시는 그의 영으로 말미암아 너희 죽을 몸도 살리시리라 (롬 8:10~11).

성령은 어떤 영인가? 십자가에 못박혀 죽으신 예수 그리스도를 장사한 지 사흘 만에 무덤에서 살리셔서 하나님 보좌 우편까지 이끌어 주신 분이 바로 성령이다. 예수님을 영접하는 모든 사람들에게 성령이 내주한다는 사실을 믿기 바란다. 우리가 그리스도의 마음을 품고 살아가도록 이 성령을 우리 마음 안에 주셨다. 그러므로 사역하는 이들은 말씀과 기도를 통해 성도들이 주님과 더 가까워지도록 돕고, 마음을 드리도록 이끌어 주어야 한다. "너희는 먼저 그의 나라와 그의 의를 구하라 그리하면 이 모든 것을 너희에게 더하시리라"(마 6:33)고 말씀하신다.

기도는 영혼의 호흡이다.

말씀은 양식이고 기도는 영혼의 호흡이다. 그러므로 우리가 이 땅에 살아가는 동안 계속해서 기도해야 한다. 기도로 하나님과의 영적인 호흡이 잘 이루어져야 하나님의 생명력이 우리 안에 충만히 역사하게 된다.

얼마 전에 길을 가다가 나무 한 그루를 보면서 참 안타까운 생각이 들었다. 10년 이상 된 큰 나무였는데 어떤 사람이 철사 줄로 그 나무를 칭칭 묶어서 묶인 부분이 자라지 못해서 결국은 껍데기가 다 벗겨져 거의 반 이상은 물줄기가 끊어진 모습이었다.

나무 위쪽의 가지들을 보니 철사 줄로 묶인 나무와 그렇지 않은 나무의 잎사귀 색깔이 달랐다. 철사 줄로 묶지 않은 나무의 잎은 선명한 푸른색이었지만 철사 줄로 묶인 나무의 잎은 색깔이 희미했다. 뿌리는 있지만 뿌리에서부터 생명력이 전달되지 못하고 수분이 공급되지 않으므로 제대로 열매를 맺을 수가 없는 것이다.

우리도 마찬가지이다. 주님으로부터 생명은 받았지만 우리가 무언가에 묶여 있고 방해받고 차단되어서 우리와 하나님 사이에 막힌 부분이 생기면 하나님이 우리에게 주시고자 하는 하나님의 역사와 능력과 사랑과 은혜와 축복, 이 모든 것이 우리에게 그대로 흘러 들어오지 못한다. 이것이 너무 오래 지속되면 나중에 묶인 것이 풀려도 회복하기가 힘들어진다.

사람의 영이 타락하자 하나님과의 관계가 끊어졌다. 하나님의 생명력은 혼이나 육을 통해서 들어올 수 없고 반드시 영을 통해서 들어오게 되어 있는데, 하나님과의 관계가 끊어졌으므로 하나님의 뜻을 따라 살아가는 것은 불가능한 것이다. 우리의 지, 정, 의가 하나님의 영광을 위해서, 하나님 뜻대로 쓰임받는 것이 아니라 하나님과는 관계없이 엉뚱한 방향으로 쓰임받게 된다.

하나님은 영이시다. 그러므로 우리의 영이 하나님과의 관계에서 끊어지게 될 때 혼적인 부분도 끊어진다. 결국 혼이 영에 의해서 지배받지 못하고 육도 타락하게 된다.

그래서 먼저 우리의 영이 하나님과 올바른 관계를 이룰 때 영을 통해서 하나님의 영원한 생명력이 들어와서 영이 충만해진다. 그 다음에 그 영이 혼과 육까지 온전히 장악할 때, 그리스도의 능력이 우리의 전체를 붙들고 역사하셔서 우리 몸은 성령이 역사하시는 거룩한 성전이 된다.

죽었던 영이 생명을 얻기 위해 구원과 치유가 먼저 행해져야 하는 곳은 사람의 영이다. 일단 영적인 부분에서 해결되고 나면 다른 부분은 거의 대부분 해결되고 치유된다. 예수 믿고 나서도 담배를 피우거나 술 마시는 습관을 끊지 못하는 사람이 있는데, 영이 치유 받으면 이런 것들은 자연스럽게 끊게 된다.

만약에 영이 다 치료 되어서 우리가 천국에 갈 수 있는데 그 순간에 목숨이 끊어졌다고 하더라도 우리는 이미 영원한 천국을 소유한 자이기 때문에 아무런 문제가 되지 않을 것이다.

> 진실로 진실로 너희에게 이르노니 죽은 자들이 하나님의 아들의 음성을 들을 때가 오나니 곧 이때라 듣는 자는 살아나리라(요 5:25).

성경에서 생명과 죽음을 다룰 때는 언제나 관계의 문제를 다룬다. 은혜는 관계의 문제다. 하나님과 나와의 관계다. 기도의 응답도 하나님과의 관계에서 이루어진다. 에덴 동산에서 지은 죄 때문에 우리와 하나님이 단절되었지만 예수 그리스도께서 그 벽을 허무셔서 우리가 하나님과 영원한 자녀의 관계로 살아갈 수 있도록 대가를 지불하셨다.

하나님과 올바른 관계는 '의로워진 관계', '화목한 관계'라고 한다. 이러한 관계는 예수 그리스도를 통해서 이루어졌다. 그리고 우리의 생명도 하나님과의 관계 속에서 이루어졌다. 그렇다면 우리는 이러한 의로워진 관계, 화목한 관계를 무엇으로 얻는가? 하나님께서 우리를 의롭다고 여기주시는 믿음으로 얻는다.

> 네가 만일 네 입으로 예수를 주로 시인하며 또 하나님께서 그를 죽은 자 가운데서 살리신 것을 네 마음에 믿으면 구원을 얻으리니 사람이 마음으로 믿어 의에 이르고 입으로 시인하여 구원에 이르느니라
> (롬 10:9~10).

> 또 모세의 율법으로 너희가 의롭다 하심을 얻지 못하던 모든 일에도 이 사람을 힘입어 믿는 자마다 의롭다 하심을 얻는 이것이라(행 13:39).

우리가 모세에게 주셨던 율법을 통해서는 의롭다 하심을 입을 수 없었으나 예수 그리스도를 통해서 이제 의롭다 하심을 얻게 되었다.

> 아브라함이나 그 후손에게 세상의 후사가 되리라고 하신 언약은 율법으로 말미암은 것이 아니요 오직 믿음의 의로 말미암은 것이니라
> (롬 4:13).

하나님께서 나를 의롭다고 여기시는 것은 바로 예수 그리스도를 믿는 믿음이다. 그분이 어떠한 분으로서 어떤 일을 행하셨는지, 그리고 지금 어떤 일을 행하고 계시는지, 그분이 장차 나의 미래에 어떤 일을

행하실 것인지 믿는 것이다.

　이제부터 우리가 하나님과 어떤 관계를 맺고, 예수 그리스도와 어떤 관계를 가지고 살아가느냐에 따라 우리 믿음 생활이 어떠한 모양으로 이루어지는지 결정된다. 구원받고 하나님과 화목한 관계를 지속해야 영혼의 기쁨과 감사가 넘친다.

> 곧 우리가 원수 되었을 때에 그 아들의 죽으심으로 말미암아 하나님으로 더불어 화목되었은즉 화목된 자로서는 더욱 그의 살으심을 인하여 구원을 얻을 것이니라 이뿐 아니라 이제 우리로 화목을 얻게 하신 우리 주 예수 그리스도로 말미암아 하나님 안에서 또한 즐거워하느니라 (롬 5:10~11).

　진정한 기쁨은 하나님으로부터 오는데, 화목한 관계가 되지 않으면 기쁨이 없다. 우리가 하나님의 자녀가 되었다고 할지라도 그분을 거리낌없이 대할 수 있을 때 주님을 늘 기쁨으로 맞이할 수 있고 기쁨으로 찬양할 수 있다. 하나님과 거리끼는 것이 있으면 그 다음부터는 하나님을 피하기 시작하고 하나님을 두려워하기 시작한다.

　그래서 믿지 않는 자들에게는 하나님이 두려움의 대상이지만 하나님의 자녀에게는 오히려 사랑의 대상이요 기쁨의 대상이다. 또한 우리가 경외할 수 있는 전능하신 하나님이 우리의 예배 대상인 줄 믿기 바란다.

영의 기능 세 가지

사람의 영은 세 가지 기능이 있다. 우리가 회복해야 할 가장 중요한 부분이 영적인 것이므로 먼저 영의 기능에 대해서 알아보자.

직관, 하나님을 아는 통로

직관은 하나님을 아는 지식과 영적인 진리에 대한 조명을 받는 것이다. 영적 지식은 단순히 어떤 과정을 이수했다고 얻어지는 것은 아니다. 마리아가 남자를 알지 못한다고 했을 때 안면이 있는 남자가 없었다는 것이 아니라 경험(체험)이 없었다는 것이다.

> 여호와를 경외하는 것이 지식의 근본이어늘 미련한 자는 지혜와 훈계를 멸시하느니라(잠 1:7).

> 또한 모든 것을 해로 여김은 내 주 그리스도 예수를 아는 지식이 가장 고상함을 인함이라 내가 그를 위하여 모든 것을 잃어버리고 배설물로 여김은 그리스도를 얻고(빌 3:8).

> 그 안에는 지혜와 지식의 모든 보화가 감추어 있느니라(골 2:3).

구약시대에 하나님께서 사람을 쓰실 때 하나님께서 그들에게 나타내 주셨고 하나님을 믿고 체험함으로 아는 지식을 통해 뜻을 이룰 수 있었다(출 31:3, 민 24:16).

하나님께서 영적인 진리에 대한 모든 것을 우리에게 조명시켜 주실 때 우리가 받는 부분이 직관이다. 평소에 찬양할 때 별 감동이 없다가 어느 순간에 그 찬양을 부를 때 기쁨이 되살아나기 시작하는 부분들이 있다. 찬양을 통해 비췸을 받는 것이다. 또 말씀을 읽다가도 말씀이 내 마음속에 들어오면서 자유함과 기쁨이 생기는 것이 바로 직관이다. 기도할 때도 마찬가지다.

직관과 연결되어 있는 부분에는 '하나님을 아는 지식'과 '하나님에 대한 지식'이 있다. 하나님에 대한 지식(Knowledge about God)은 예수를 믿지 않는 사람들도 알 수 있다. 그래서 비교종교학을 공부하는 사람은 성경에 대해서 많이 알고는 있지만 구원받지는 못하는 경우가 있다.

왜 그런가? 그 사람은 성경이 다른 경전과 비슷한 점이 무엇인지, 다른 점이 무엇인지 알아내는 데 골몰하기에 하나님에 대한 지식은 많이 가질 수 있다. 그러나 하나님을 알지는 못한다.

예를 들어 영어를 잘한다는 어떤 사람이 있다면 "영어는 이렇게 해야 한다"고 한국말로 설명하는 것으로 그 실력을 입증할 수 없다. 진짜 영어를 잘하는지는 미국 사람과 대화하게 하면 금방 알 수 있다. 그때 제대로 의사소통이 되지 않는다면 영어를 잘 하는 사람이라고 할 수 없을 것이다. 영어 잘하는 방법을 많이 아는 것이 중요한 것이 아니라 실제로 영어를 잘할 수 있어야 한다. 마찬가지로 하나님을 아는 지식은 체험적인 것이다. 말씀이 나에게 생명력으로 들어오기 때문이다.

그것을 하나님을 아는 지식(Knowledge of God)이라고 한다. 직관에서 이런 부분을 알게 된다. 단순히 "하나님 말씀이 참 좋아요"라고 하는 사람이 있고, "하나님의 말씀은 나에게 영원한 축복이 되고 내 영혼의 양식이며 하나님 말씀은 나를 자유케 하고, 나를 생명의 길로, 진리의 길로 인도하고 내 영혼을 거룩케 하신다"고 표현할 수 있는 사람이 있다.

하나님에 대한 영적인 체험은 직관을 통해서 우리에게 전달된다. 하나님의 뜻이 전달되고 하나님의 빛이 우리에게 전달되기 시작한다. 그래서 이 부분이 늘 하나님과 교통이 잘 이루어질 수만 있으면 다른 부분은 조금 부족해도 그런 것들은 나중에 다 변화 받게 되어 있다. 직관에서 성경 말씀을 통해서 비춤을 받으면 우리의 표현이 달라지기 시작한다. 성경 말씀이 얼마나 좋은지 꿀송이 같다는 말도 실감하게 된다. 또한 하나님이 우리에게 주시는 영적 통찰력을 얻는다. 직관에서 하나님과 교통하면 미래에 대한 두려움이 없다.

그러나 다른 부분이 아무리 잘되는 것 같아도 직관이 막히면 방향을 잡지 못한다. 말씀이 짐이 되고 부담이 되기에 자꾸 멀리한다. 직관이 막히면 20~30년 믿어도 영적인 어린아이와 같고, 세상 사람들과 같이 행동한다. 영적으로 자꾸 혼돈되는 사람은 이런 부분에서 제대로 기능이 발휘되지 않기 때문이다.

또한 이것은 영이 알고 있는 것이다. 즉 내가 만지고 본 것이요, 체험한 것이다. 내가 그 은혜를 받고 축복을 누리고 있는 것이며, 기쁨과 평강을 소유한 것이다. 이것은 우리 생각과 사고로 알 수 있는 것이 아니다. 이를 뛰어 넘어서 우리의 생각이나 사고에서는 알 수 없는 하나님과의 관계 속에서 이루어지는 부분이다. 이를테면, 우리가 전도할 때 다른 사람이 구원받은 간증을 전해도 감동받을 수 있지만, 자신이 만난 예수를 증거할 때 가장 큰 능력이 있다. 내가 먼저 비췸을 받아야 다른 사람에게 비춰줄 수 있다.

성경이 말하는 양심

여기서 말하는 양심은 세상 사람들이 말하는 양심이 아니다. 세상적인 양심은 믿을 수 없는 것으로 이미 타락한 자의 양심이다. 도둑질을 해서 자선사업을 한다면 그것은 훌륭한 일이 아니다. 어떻게 돈을 모았는지 잘 모르는 사람에게 상을 주고 훌륭한 사람이라고 할지 모르지만, 하나님은 "너 그렇게 하는 행위를 먼저 버려라. 네가 자선 사업을 안 하거나 조금만 해도 좋으니까 바르게 하라"고 하신다. 하나님께서 인간을 창조하셨을 때 주신 양심, 성경이 말하는 양심은 무엇인가?

온전한 양심은 하나님과 온전한 관계가 이루어지고 마음이 편하고 기쁨이 충만한 상태다. 하나님을 찾지 않고는 견딜 수 없는 심령이 원래 하나님이 우리에게 주신 양심이다. 예수 믿는 사람은 자기 기준이 아니라 하나님 기준으로 살기를 원한다. 그렇게 살 때 초자연적인 역사가 일어난다. 내가 깨닫지 못할 때, 무슨 기도를 해야 할지 모를 때 성령께서 말할 수 없는 탄식으로 나를 위해 친히 간구하신다. 그러면 양심의 역할은 무엇인가?

첫째, 양심은 진리를 분별하고 증거하는 역할을 한다. 진리가 직관을 통해서 비추어지면 양심이 이것을 증거하는 것이다.

> 내가 그리스도 안에서 참말을 하고 거짓말을 아니하노라 내게 큰 근심이 있는 것과 마음에 그치지 않는 고통이 있는 것을 내 양심이 성령 안에서 나로 더불어 증거하노니(롬 9:1~2).

성령은 우리의 영에 거하신다. 그런데 영적인 부분에 양심이 있기 때문에 성령께서 우리의 양심에 증거한다고 하셨다. 그래서 진리를 분별하고 진리가 내 안에서 증거되는 곳이 바로 양심이다. 양심이 흐려지면 영 분별이 안 된다.

세상 사람들도 자기가 하지 않던 나쁜 짓을 하면 처음에 양심에 걸린다. 더욱이 우리가 하나님이 원치 않는 나쁜 일을 하면 우리의 영혼 속에 있는 양심에서 걸린다. 그러나 하나님과의 관계가 끊어지면 그 기능이 죽어 버려서 나타나지 않는 것이다.

그런데 예수님을 믿고도 변하지 않은 사람들, 예수님을 믿어도 언어나 행동이 변하지 않는 사람들은 직관을 통해서 양심에 비춰질 때 그것이 분별되지 않기 때문이다. 그리고 예수님을 믿는데도 세상 사람들이 사기 칠 때 자기도 똑같이 사기 치고 회개하면 된다고 생각하는 사람은 양심이 잘못되어 있다.

성령의 감동은 양심이 진리의 비췸을 받았을 때 오게 된다. 진리의 비췸을 받아 기쁨으로 행할 때 하나님이 원하는 양심으로 살아 갈 수 있는 것이다. 그렇게 살아가기 시작하면 빛 가운데 거하는 삶이 된다. 그때부터 계속해서 성령이 필요할 때마다 우리에게 감동을 주신다. 그 성령의 감동하시고 교통하시는 역사를 따라서 나아가기 시작하면 우리의 삶은 영적으로 충만한 가운데 하나님의 뜻을 온전히 이룰 수 있는 줄 믿기 바란다. 양심까지 하나님이 역사하지 않으면 도덕성과 윤리는 절대로 바뀌지 않는다.

둘째, 양심은 성령께서 우리 영에게 구원에 대한 진리를 증거해 주시는 곳이다. 구원에 대한 진리를 성령께서 양심에 확신하도록 해주시니까 자신 있고 거리끼지 않는 것이다.

누가 여러분에게 구원받았냐고 물으면, 구원받았고 그것을 확신한다고 말할 것이다. 그때 그 사람이 그 증거를 보여달라고 한다면 내 양심이 증거한다고 말할 수 있다. 그러므로 로마서에 보면 이방인들에게 사람들을 통해서 복음이 증거되지는 않았지만, 그들이 하나님을 사모하는 마음을 가질 수가 있었는데, 그것은 양심이 있기 때문이다.

원래 하나님께서 지으신 양심은 하나님과 멀어지면 삶의 의미를 찾을 수 없고 견딜 수 없다. 영혼에 만족이 없기 때문에 자꾸 진리를 찾고

탐구하는 것이다. 진리를 탐구하다 보면 학문이나 지식, 세상의 출세로 빠져 나가게 된다. 그래서 진리를 온전히 아는 사람은 예수 그리스도를 만남으로 이 진리가 직관에 비춤을 받고 양심에까지 완전히 변화 받을 수 있어야 온전히 하나님께 드려질 수 있는 삶이 된다.

양심과 교통 부분이 제대로만 되면 세상이 감당하지 못하는 사람이 된다. 하나님의 뜻을 붙들고 하나님이 원하시는 그 길을 따라나가는 사람이기 때문에 아무도 말릴 수가 없다. 우리의 뒤에는 하나님이 계시기 때문이다.

이런 사람은 "네가 이 길로 계속 간다면 너의 목숨이 끊어질 것이다" 라고 해도 "힐렐루야!" 하고 나갈 수 있다. 그래서 순교자가 나오는 것이다. 그런데 이런 부분이 제대로 안 되면 사람이 비겁해진다. 예수 믿으면서도 비겁하게 사는 것이다. "하나님, 이것은 양심적으로 거리끼지만 한번만 봐주십시오. 한번만 눈감아 주십시오."

얼마 전 중보기도학교에서는 이 부분에 대해 말씀을 전했는데 한 분이 우셨다. 나중에 그 이유를 물었더니 자기는 이제까지 하나님께서 자신의 간구를 다 들어주셨고, 나쁜 짓을 할 때는 하나님께 눈감아 달라고 하면 계속 눈감아 주셔서 그렇게 넘어가곤 했다는 것이다.

그런데 말씀을 듣고 나니 하나님께서 정말 사랑하니까 이제까지 봐주셨지 스스로 돌이켜봐도 자신 같은 사람은 봐주지 않았을 것이라고 말했다. 지금까지는 그렇게 살아왔는데 양심에 비춤을 받고 진리가 역사하기 시작하자 이제 '어찌할꼬' 하며 탄식하는 것이다. .

잘못이 있을 때 철저하게 회개하지 않으면 "하나님, 죄송합니다. 다음에 또 이런 일이 있으면 또 죄송하다고 하죠"라고 하면 같은 일을 계속 반복하게 되는 것이다. 그러나 양심에 비췸을 받으면 하나님을 따르는 길이 기쁨과 평강, 축복의 길이며 행복의 길이라는 것을 알게 된다. 로마서 8장 1~2절 말씀에서 볼 수 있듯이 자유함을 얻는다.

> 그러므로 이제 그리스도 예수 안에 있는 자에게는 결코 정죄함이 없나니 이는 그리스도 예수 안에 있는 생명의 성령의 법이 죄와 사망의 법에서 너를 해방하였음이라(롬 8:1~2).

셋째, 양심은 하나님께 대한 태도와 행동이 옳고 그른지를 분별하는 것이다. 세상 기준이 아니라 하나님 앞에서 내 행동이 옳은가 그른가를 성령이 분별하게 하신다. 사람 앞에서는 옳지만 하나님 앞에는 잘못된 것들이 너무나 많다. 이 양심은 사람의 기준이 아닌 하나님의 기준이다. 10퍼센트만 하나님의 기준 가지고 살아가면 세상은 썩지 않는다.

> 율법 없는 이방인이 본성으로 율법의 일을 행할 때는 이 사람은 율법이 없어도 자기가 자기에게 율법이 되나니 이런 이들은 그 양심이 증거가 되어 그 생각들이 서로 혹은 송사하며 혹은 변명하여 그 마음에 새긴 율법의 행위를 나타내느니라(롬 2:14~15).

양심은 하나님께서 내 영 안에 새겨 주신 율법이다. 15절 말씀에 "이런 이들은 그 양심이 증거가 되어"라고 말씀하고 있는데, 이 증거는 진리에 대한 증거이다. 하나님이 주신 율법을 가지고 있으면서도 율법을 어기면서 살아가는 사람들이 있는가 하면 율법을 알지도 못하는 이방인들은 율법을 주지 않았는데도 율법에서 하지 말라고 하는 것은 하지 않고 살 수 있는 것은 무엇 때문인가? 그것은 바로 양심이 증거가 되었기 때문이다. 믿는 사람의 양심 기준이 믿지 않는 사람만 못하다면 그들의 영혼을 구원하는 데 걸림돌이 된다.

성령과 교통하는 것

영 안에서 성령과 내가 하나 될 때 영감 또는 교통이 있다. 기도가 막히고 말씀이 들리지 않을 때가 최대의 위기다. 차를 타고 갈 때 교통이 막히면 답답하고 찌증스럽고 시간이 낭비되듯이 성령의 교통도 마찬가지이다. 성령과 교통이 잘 이루어지지 않으면 우리는 답답함을 느끼게 된다. 영감 있는 말씀, 영감 있는 찬양이라는 말을 많이 하는데 이것은 성령과 얼마나 교통이 잘 이루어지느냐에 달려 있다.

> 주 예수 그리스도의 은혜와 하나님의 사랑과 성령의 교통하심이 너희 무리와 함께 있을지어다(고후 13:13).

우리가 영으로 하나님께 나아갈 때 신령과 진정으로 예배드릴 수 있다. 신령과 진정으로 예배드린다는 것은 하나님과의 교통을 말한다. 예배는 하나님과 올바른 관계를 표현하는 것으로 그분을 높여 드리며 그분이 우리에게 필요한 것들, 즉 위로와 치유, 능력, 하나님의 사랑을 주시는 것이다.

> 하나님은 영이시니 예배하는 자가 신령과 진정으로 예배할지니라
> (요 4:24).

하나님과 교통이 잘 이루어질 때 영감, 성령의 감동이 우리에게 온다. 성령의 감동이 오기 시작할 때 우리는 이것을 묵살시켜서는 안 된다. 성령께서 감동 주실 때 항상 우리 생각과 맞는 것만 주시는가? 그렇지 않다. 어떤 때는 우리 생각과 맞지 않는 것, 우리가 전혀 생각지도 못했던 것을 주실 때가 있다.

그때 어떻게 해야 하는가? "주님, 왜 내 마음을 복잡하게 하시나이까" 하고 물리쳐야 하는가? 그러면 안 된다. 순종해야 한다. 한번 두번 자꾸 순종하다 보면 그 다음부터는 심령 속에 주님의 마음이 오기 시작한다. 주님의 마음이 내 마음이 되면 주님의 사랑을 알게 된다.

전도는 훈련시켜서 되는 것이 아니라 영혼에 대한 사랑이 있으면 된다. 믿지 않는 영혼들을 볼 때 눈물 흘리며 기도가 나오는데 어떻게 그들에게 복음을 전하지 않겠는가?

그런데 믿지 않는 사람들을 보면 비난하면서 자기만 잘 믿는 것처럼

하는 사람은 그런 감동을 느낄 수 없다. 주님의 마음을 느끼지 못한다. 그러나 주님과 교통이 되면 고통받는 사람들을 볼 때 주님이 고통받는 자들을 어떻게 보실까 생각하게 되고 주님의 마음을 자신도 느끼게 되는 것이다.

우리가 아무리 주님과 성령 안에서 교통이 잘 된다고 해도 주님이 느끼시는 것에 억만 분의 일이라도 느낄 수 있을까? 그래도 세상에서는 그 정도만 해도 대단하다고 영감 있다고 한다. 주님이 느끼시는 것, 그 감동을 조금만 받아도 세상이 놀랄 정도로 역사가 일어나지 않는가?

성령의 은사와 하나님의 축복, 하나님의 능력, 하나님의 뜻, 하나님이 우리에게 주신 비전 이 모든 것이 하나님과의 교통 안에서 이루어진다. 성령은 하나님의 비전을 전달하시는 분이시기 때문이다. "너를 향한 나의 뜻은 이것이니라" 하고 성령께서 우리에게 주시는 것이다.

영적 기능이 손상될 때 일어나는 일들

직관, 양심, 교통 등 영의 기능이 손상되면 하나님과의 관계가 제대로 이루어지지 않는다. 영혼이 갈급해지기 시작한다.

지각이 손상되었을 때

첫째, 진리를 받아들일 수 없다. 왜냐하면 더 이상 빛이 비추어지지

않기 때문이다. 우리의 시력이 아무리 좋고 눈의 기능을 더 좋게 하기 위해 천체 망원경, 현미경을 동원한다고 할지라도 캄캄하면 아무 것도 볼 수가 없다.

영적으로도 마찬가지다. 아무리 좋은 것을 가지고 있어도 영혼에 빛이 비추어지지 않으면 영적으로 방황할 수밖에 없다. 그래서 진리가 비추어지는데도 진리를 알지 못한다. 지각이 손상을 입어서 진리를 받을 수 없다. 그러므로 말씀을 깨달으려면 손상된 것을 고쳐야 한다.

둘째, 영적 소경, 영적 귀머거리가 된다.

> 이사야의 예언이 저희에게 이루었으니 일렀으되 너희가 듣기는 들어도 깨닫지 못할 것이요 보기는 보아도 알지 못하리라 이 백성들의 마음이 완악하여져서 그 귀는 듣기에 둔하고 눈은 감았으니 이는 눈으로 보고 귀로 듣고 마음으로 깨달아 돌이켜 내게 고침을 받을까 두려워함이라 하였느니라 그러나 너희 눈은 봄으로 너희 귀는 들음으로 복이 있도다 (마 13:14~16).

손상된 지각 때문에 영적인 귀머거리, 영적인 소경이 되어서 진리를 들려주어도 알아 듣지 못한다. 그러니까 세상적으로 좋은 것을 원하게 된다.

세상에서 아무리 뛰어난 학자, 정치가, 과학자도 교회에 와서는 하나님의 자녀일 뿐이다. 그래서 하나님과 온전한 교통이 이루어지도록 해야 하는데, 거기에다 오물과 쓰레기를 계속 주면 자꾸 둔해지는 것이다. 그리고 그것이 편해진다. 사람들이 나중에는 영적인 이야기를 해주면 고침을 받을까 두려워한다는 말씀 그대로 되는 것이다. 그래서 "눈은 봄으로 귀는 들음으로 복되도다"라고 말씀하고 있다.

영적 소경이란?

첫째, 영적 소경은 영적인 진리를 이해할 수도 없으며 깨닫지도 못한다. 그래서 성경말씀을 읽으면 하품만 나고 졸음이 자꾸 온다. 다른 책을 읽을 때는 그렇지 않은데 성경만 읽으면 잠이 온다면 문제가 있다. 그것은 영적으로 소경이기 때문이다. 잠을 자다가도 하나님께서 말씀을 주시거나 기도하라는 마음을 주시면 견딜 수 없어서 일어나서 기도할 수 있어야 한다.

육체의 휴식을 위해 하나님이 주시는 감동을 무시해서는 안 된다. 그때 하나님께 순종하지 않고 계속 무시하면 영적인 소경이 되는 것이다. 영적인 진리를 이해할 수도 없으며 깨닫지도 못한다. 빛이 비춰지지 않는 것이다. 깨닫는 것은 무엇인가 말씀을 읽을 때 "아! 그것이다" 하고 빛이 들어오기 시작하는 것이다.

둘째, 영적 소경이 되면 믿어 보려고 애쓰고 노력하지만 진리가 잡히지 않는다. 말씀을 믿어 보려고 힘쓰며 진리 가운데서 변화 받으려고 몸부림을 치는데도 되지 않는다. 그런데 어떤 사람은 말씀을 지나가면서 들었는데도 그것이 빛으로 비춰져서 깨닫는다. 영적으로 소경이 되면 말씀을 붙들고 씨름하고 애쓰는데도 머리 속에서는 뱅뱅 돌뿐 가슴에는 들어오지 않는다.

> 항상 배우나 마침내 진리의 지식에 이를 수 없느니라(딤후 3:7).

배우기는 많이 배우지만 진리에 이르지 못한다. 영적인 소경이기 때문에 그렇다. 작은 것에 순종하는 훈련이 되면 신앙이 빠른 속도로 성장된다.

셋째, 영적 소경은 혼돈과 기만, 왜곡된 곳으로 인도될 수밖에 없다.
마음과 생각에서 잘못되면 혼돈이 온다. 기만은 자신만 속는 것이 아니라 잘 모르는 것으로 남을 속이거나 혼돈하게 만든다.

> 그냥 두어라 저희는 소경이 되어 소경을 인도하는 자로다 만일 소경이 소경을 인도하면 둘이 다 구덩이에 빠지리라 하신대(마 15:14).

> 예수께서 가라사대 내가 심판하러 이 세상에 왔으니 보지 못하는 자들은 보게 하고 보는 자들은 소경되게 하려 함이라 하시니 바리새인 중에 예수와 함께 있던 자들이 이 말씀을 듣고 가로되 우리도 소경인가 예수께서 가라사대 너희가 소경 되었더면 죄가 없으려니와 본다고 하니 너희 죄가 그저 있느니라(요 9:39~41).

바리새인들은 자신들이 진리의 비췸을 받지 못한다는 것을 알고 있었다. 그래서 예수님께서 이 말씀을 하실 때 찔림을 받았다. "우리가 율법학자요 율법을 가진 자요 율법을 지키는 자요 율법에 대해서 가르치는 자요 율법에 대해서 최고인데 예수 당신이 이야기하는 것을 보니 우리가 소경이네요"라고 말하고 있는 것이다. 그랬더니 예수님께서 네가 소경이라고 하면 죄가 없으려니와 네가 소경이 아니라고 하니 이것이 문제라고 하셨다.

영적 귀머거리

첫째, 영적 귀머거리가 되면 기도해도 아무런 응답도 받지 못하고 성경을 읽고 듣지만 생명력을 얻지 못한다. 하나님께서 위로부터 주시는 영생의 능력이 믿음을 통해서 계속 우리의 삶에 흘러 넘쳐야 한다. 그래서 어제보다는 오늘이 더 활기 있어야 한다.

귀머거리가 말을 못하듯이 영적인 귀머거리는 듣지 못하기 때문에 복음을 제대로 전할 수가 없다. 영적으로 하나님 음성을 잘 들으면 훈련을 많이 시키지 않아도 마음속에 흘러 넘치는 것이 많아서 그것을 주려고 몸부림치게 된다. 이것이 전도다.

우리가 하나님의 말씀에 비췸을 받고 하나님의 말씀을 통해서 내 영혼이 양육되는 것을 사모하는 심령, 그리고 그것에 대해서 흘러 넘쳐서 주고 싶어서 달려가는 심령이 될 때 역사가 일어난다.

둘째, 말씀을 깨닫지 못하고 하나님의 음성을 듣지 못한다. 이런 사람은 하나님과 대화가 안 되기에 눈치로 신앙생활을 한다.

셋째, 하나님의 뜻을 분별하는 것이나 성령의 은사에 대하여 어려움을 갖고 있다. 성령이 소멸되면 은사도 소멸된다. 하나님의 뜻을 분별하지 못하면서 은사를 받기 위해서 기도 부탁을 하는 사람들이 있다. 그들은 먼저 말씀에 비췸부터 받아야 한다. 귀머거리와 소경, 벙어리에게는 훌륭한 무기가 주어져도 문제이다. 그들은 받으려고 하지만 주님은 주시지 않는다.

영적 손상의 원인

회개하지 않으려는 마음

하나님 앞에 점점 가까이 가려면 아무리 작은 일이라도 걸림돌이 되는 것은 회개해야 한다. 성령이 우리 안에 오시면 죄에 대해 책망하신다. 날마다 우리 삶 속에서 회개가 일어나야 한다. 스스로 의롭다고 생각하는 사람은 회개하지 않고 합리화하기 시작한다. 회개하면 믿음이 더 강해진다. 회개하지 않는 것이 어떠한 것인지 아래의 말씀에서 잘 보여 주고 있다.

> 예수께서 권능을 가장 많이 베푸신 고을들이 회개치 아니하므로 그 때에 책망하시되(마 11:20).

복음이 증거될 때 회개하는 심령 속에 복음이 믿어지기 시작한다.

가라사대 때가 찼고 하나님 나라가 가까웠으니 회개하고 복음을 믿으라 하시더라(막 1:15).

하나님과 우리 사이에 막힌 담을 허무는 것은 회개밖에 없다. 회개하면 그때부터 빛이 비추기 시작한다. 조그만 것이라도 회개하고 돌아올 때 영적 부흥의 역사가 일어난다. 영적 부흥이 사라지는 것은 죄를 지었으면서도 죄로 여기지 않을 때다. 회개하면 내 영혼이 깨끗해지기 때문에 그때부터 하나님의 말씀이 들어온다. 말씀이 비춰질 때 영혼의 심령이 깨끗해야 한다. 깨끗하게 청소된 것이 회개인데 회개하지 않아 더러워지면 비춰도 희미하게 비춰진다. 똑같은 눈으로 보지만 안개가 끼거나 비가 오면 앞이 잘 안 보이는 것과 같다. 영혼도 마찬가지이다.

강퍅한 마음

회개하지 않으려는 마음을 강퍅한 마음이라고 한다. 사람의 마음이 강퍅해지면 말씀으로 도전받는 것을 싫어하고 말씀을 통해 고침 받기를 즐거워하지 않는다. 말씀을 들어도 기쁨이 없고 찔림을 받아도 회개하지 않는다면 그것은 삐뚤어진 마음이다.

마음이 강퍅하면 말씀이 들어가지 못한다. 이것은 영적인 문제이다. 하나님께서 모든 사람들에게 축복을 쏟아 부어주셔도 그 영혼 속에는 그 축복이 임하지 못한다. 하나님과의 관계가 올바르지 않기 때문에 그분이 주시는 것을 받을 수가 없다.

강퍅한 마음이 치료받아서 만나는 모든 사람에게서 배울 수 있는 사람이 되어야 한다. 이 사람은 겸손한 사람이다. 때로는 다른 사람이 잘못한 것이나 어려움을 당하는 것을 보고도 배울 수 있어야 한다. 그런 사람은 풍성한 삶을 살 수 있다. 강퍅한 마음은 잘못된 부분을 고침 받아야 하나님 뜻대로 살 수 있고 올바른 관계를 지속할 수 있다.

> 노하심을 격동하여 광야에서 시험하던 때와 같이 너희 마음을 강퍅게 하지 말라(히 3:8).

광야에서 엎드러지고 죽은 이스라엘 백성들은 다 마음을 강퍅게 한 자들이다. 하나님이 연단하시고 우리의 거룩함이 회복되는 기간이 광야이다. 광야생활을 통과하는데 평생 걸리는 사람이 있는가 하면 짧게 끝나는 사람도 있다. 이 땅에서 젖과 꿀이 흐르는 가나안 땅과 같은 곳에서 살아가려면 훈련 잘 받고 하나님께서 원치 않으시는 것을 제거시키며, 그분의 능력과 은혜를 받아야 한다.

오늘날 세상에 보면 마음이 강퍅한 사람들이 참 많다. 이런 강퍅한 영혼들을 어떻게 변화시킬 것인가? 손상된 부분을 치료하면 된다. 사람은 조금 더 강퍅하고 덜 강퍅한 그 차이일 뿐, 다 비슷하다.

강퍅한 심령이 하나님의 능력으로 변화 받아서 온유한 심령, 겸손한 심령, 하나님을 따르는 심령, 말씀에 순종하는 심령으로 바뀌어지기 시작하면 다른 강퍅한 심령들을 다시 치유하는 자들이 된다.

교회에 나오면서도 강퍅한 사람들이 많이 있다. 그래서 교회가 강퍅해지는 것이다. 하나님께서 그 교회를 통해서 역사하지 못하신다. 강퍅한 심령 속에 무슨 은혜가 임하겠는가? 예배는 형식적인 예배가 되는 것이다. 그냥 놀러 가면 사고날 것 같고 예배 때 와서 하나님 앞에 인사라도 제대로 드리고 가야지 하고 생각하는 그 영혼 속에 어떻게 하나님의 은혜와 축복이 임하겠는가?

위선이나 가식

위선이나 가식은 흔히 바리새인적 신앙이라고 얘기한다. 우리는 전능자이신 하나님 앞에서 우리의 모습을 완전히 드러낸 사람들이다. 우리가 그문에서 고침 받았으면 사람들에게 무엇이 부끄럽겠는가? 우리는 하나님 앞에서 인정받고 사람들 앞에서는 담대해질 수 있어야 한다. 그런데 오히려 사람들 앞에서는 비겁하고 하나님 앞에서는 늘 부끄러워하고 죄송해 한다면 문제가 있다.

> 화 있을진저 외식하는 서기관들과 바리새인들이여 너희는 교인 하나를 얻기 위하여 바다와 육지를 두루 다니다가 생기면 너희보다 배나 더 지옥 자식이 되게 하는도다 (마 23:15).

위선이나 가식이 있을 때 영적으로 손상을 입게 된다. 찬양을 드리다가 성령님께서 "너도 손을 들어서 나를 찬양하라"고 말씀하실 때 "주님, 지금 아무리 찬양이 은혜로워도 내가 손을 들면 옆에 사람이 뭐라고 생각하겠습니까? 주님, 제 체면 좀 생각해 주세요. 주님, 제가 한 번도 손뼉 쳐서 찬양한 적이 없는데 지금 어떻게 손뼉을 치겠습니까?" 하면서 마음에 주시는 감동을 무시하는 경우가 있다. 내 체면과 위신 때문에 하나님이 주시는 감동이 와도 그대로 행하지 않는 것이다.

한번은 목회자 세미나에서 찬양을 하는데 어떤 목사님이 워십 댄스를 하셨다. 얼마나 멋있고 아름답게 잘 하시는지 나는 그분이 전문적으로 워십 댄스를 하시는 분인 줄 알았다. 그런데 나중에 물어보니 그 목사님은 전에 한번도 그렇게 해본 적이 없었는데 하나님께서 마음에 얼마나 강력하게 역사하시는지 일어나서 그렇게 하라고 하셔서 그대로 순종하셨다고 했다. 그 다음부터 하나님께서 그분에게 감당하지 못할 정도로 은혜를 부어주시는 것을 보았다.

하나님께서 우리에게 원하시는 것을 자꾸 단절시키지 말라. 인간의 어떤 위선이나 가식 때문에 하나님 앞에 바리새인같이 나와서는 안 된다. 바리새인은 진실된 기도를 하지 않았다. 가식적인 기도만 했다. 사람들이 듣기에 좋은 내용이다. 오죽 답답하면 주님이 회칠한 무덤이라고 하셨겠는가? 속에는 썩는 시체가 있는데 겉에는 회를 뽀얗게 칠해 놓으니까 속에 무엇이 들어있는지 잘 모른다. 오히려 우리는 우리 안에 있는 더러운 부분을 주님 앞에 다 내어놓을 수 있어야 한다.

죄악과 불순종

미워함이 영을 무감각하게 만든다. 해결되지 않은 죄는 항상 영적인 감각을 무디게 만든다.

> 내 죄악을 고하고 내 죄를 슬퍼함이니이다 내 원수가 활발하며 강하고 무리하게 나를 미워하는 자가 무수하오며 또 악으로 선을 갚는 자들이 내가 선을 좇는 연고로 나를 대적하나이다 여호와여 나를 버리지 마소서 나의 하나님이여 나를 멀리하지 마소서 속히 나를 도우소서 주 나의 구원이시여(시 38:18~22).

죄악과 불순종은 우리가 쉽게 알 수 있다. 오늘날 영적인 손상에서 가장 큰 문제는 미워하는 것이다. 어떤 종류의 사람을 보면 기분이 나쁜 사람이 있는가? 그것도 없어져야 한다. 그것이 증오의 뿌리가 될 수 있다. 그런 부분들까지도 우리에게 완전히 없어지도록 기도해야 한다. 우리가 살면서 이것은 평생 동안 기도해야 할 부분이다.

어떤 사람에게 미워하는 사람이 있느냐고 물었더니 없다고 했다. 그래서 기분 나쁜 사람이 있냐고 물었더니 있다고 했다. 그가 아주 싫어하는 타입이 있는데, 그 사람에 대해 잘 알지 못해도 인상을 보고 그런 타입이라고 생각되면 괜히 기분 나쁜 사람이 되는 것이다.

이런 마음이 생길 때마다 없어지도록 기도해야 한다. 그런데 이것은 없애려고 노력한다고 해서 되는 것이 아니다. '미운 사람을 내가 사랑해야지' 하고 다짐한다고 해서 그 사람을 사랑하게 되는가? 오히려 그 사람을 생각하면 할수록 더 미워진다. 우리에게는 그런 능력이 없다.

그때는 "하나님, 저는 그런 사람을 사랑할 능력이 없습니다. 저에게 주님의 사랑으로 더 충만히 채워 주시고 그 사람을 사랑할 수 있는 능력이 제 심령 속에서 그리스도의 사랑과 능력으로 나타나게 하옵소서" 하고 기도해야 한다.

영적인 무지

우리는 무턱대고 하나님을 믿는 것이 아니라 알고 믿어야 한다. 우리가 영적으로 무지하면 영적으로 손상을 입는다. 우리는 하나님이 주신 분명한 비전과 목표가 있기 때문에 그것을 향해 달려간다.

> 여호와여 주의 행사가 어찌 그리 크신지요 주의 생각이 심히 깊으시니 이다 우준한 자는 알지 못하며 무지한 자도 이를 깨닫지 못하나이다 (시 92:5~6).

기쁨이 사라질 때

생활 속에서 믿음의 진보가 없이 퇴보하거나 마음에서 우러나서 기쁨으로 하지 않으면 영적인 감각을 손상시킨다. 하나님께서는 우리가 기쁨으로 모든 일을 행하기를 원하신다.

멜기세덱에 관하여는 우리가 할 말이 많으나 너희의 듣는 것이 둔하므로 해석하기 어려우니라 때가 오래므로 너희가 마땅히 선생이 될 터인데 너희가 다시 하나님의 말씀의 초보가 무엇인지 누구에게 가르침을 받아야 할 것이니 젖이나 먹고 단단한 식물을 못 먹을 자가 되었도다 대저 젖을 먹는 자마다 어린아이니 저희는 말씀을 경험하지 못한 자요 단단한 식물은 장성한 자의 것이니 저희는 지각을 사용하므로 연단을 받아 선악을 분변하는 자들이니라(히 5:11~14).

하기 싫어도 억지로 하는 것이 복종이고, 기쁜 마음으로 따르는 것이 순종이다. 똑같은 시간에 똑같은 찬양을 드리고 같은 목사님에게서 똑같은 말씀을 듣는데도 어떤 사람은 은혜를 받아서 너무 좋아하는데, 어떤 사람은 갈수록 더 메말라진다. 왜 그러한가? 그 이유는 간단하다. 은혜를 받는 사람은 기쁨으로 받기 때문에 그렇다.

그러니까 교회 가는 것이 얼마나 큰 기쁨인지 모른다. 자녀들이 신앙생활을 잘하고 기쁨으로 교회에 가게 하려면 먼저 부모들이 기쁨으로 가면 된다. 그러면 자녀들도 그것을 배운다. 부모가 다른 데 가는 것보다 교회 가는 것을 더 기뻐한다면 자녀들은 부모가 왜 교회 가는 것을 기뻐하는지 궁금해 할 것이고 자기들도 교회에 기쁨으로 가게 된다. 그런데 그렇지 않고 부모가 다른 데 갈 때는 기쁨으로 가면서 교회만 가려고 하면 싸운다면 자녀들도 그대로 배우게 될 것이다.

교회 안에서도 마찬가지다. 말씀을 받을 때 기쁨으로 받아야 은혜가 넘친다. 찬양도 기쁨으로 드려야 하나님께서 받으신다. 그저 순서에 따라 마음에 없는 찬양을 드려서는 안 된다. 기쁨은 우리 마음에서부터 흘러 넘치는 것이다. 그래서 찬양하다가 웃음이 터지면 웃어가면서 찬양하라. 인상을 쓰면서 찬양할 필요가 없다.

비술에 접했을 때

예수 믿는 사람들 중에 집사 직분을 가지고 있으면서도 어려움이 있을 때 하나님 앞에 나와서 기도해야 하는데 점을 치러 가는 경우가 있다. 예수 믿는 사람은 하나님의 인도를 받아야 하는데, 악한 영들을 찾아가면 그 다음부터는 영적으로 눌리게 된다.

요즘은 자신의 장래나 건강이 좋지 않다는 이유로 악한 영이 들려 있는 이들에게 찾아가는 사람들이 많다. 이렇게 비술에 접하면 그 다음부터는 영적인 세계가 혼미케 되고 닫혀 버린다. 그리고 영적인 어두움이 초래된다.

가족이나 친척 중에 무당이 있거나 비술에 접한 사람이 있을 때 신앙생활에 어려움이 많은 경우가 있다. 영적 싸움이 보통 센 것이 아니다. 그 사람 앞에 장애물들이 너무나 많기 때문이다. 또한 비술에 열심을 내었던 사람일수록 그리스도인이 되면 어려움을 많이 당한다. 그는 악한 영들이 공격하기 때문에 영적 전투가 심하다. 지금은 영적 전투의 전·후방이 없다.

그런즉 어떠하뇨 이스라엘이 구하는 그것을 얻지 못하고 오직 택하심을 입은 자가 얻었고 그 남은 자들은 완악하여졌느니라 기록된바 하나님이 오늘날까지 저희에게 혼미한 심령과 보지 못할 눈과 듣지 못할 귀를 주셨다 함과 같으니라(롬 11:7~8).

여기에 보면 "하나님이 오늘날까지 저희에게 혼미한 심령과 보지 못한 눈과 듣지 못할 귀를 주셨다 함과 같으니라"고 나와 있는데, 이것은 주님께서 우리에게 그런 것들을 주신 것이 아니라 우상의 잘못된 부분과 접했을 때 그렇게 된다는 것이다.

얼마 전에 서울에서 미국 LA까지 8시간 만에 갔다. 그렇게 빨리 간 것은 처음이었다. 그런데 돌아올 때는 시간이 많이 걸렸다. 보통 11시간이면 오는데 12시간 반이 걸렸다. 똑같은 거리인데도 기류의 방해를 받느냐 받지 않느냐에 따라 많은 시간적 차이가 나는 것이다.

믿음생활도 마찬가지이다. 영적으로 방해를 많이 받는 사람들이 있다. 대부분 그런 사람들은 가족 중에 처음 믿어서 선교사 역할을 담당해야 하는 사람들이다. 영적으로 헤치고 나가야 할 부분들이 많이 있다. 그러나 하나님께서 주시는 은혜도 많고 또 받은 은혜를 쏟아 버리기도 하지만 회복도 속히 한다.

특히 가족 가운데 정신이상자가 있는 사람들은 신앙생활에 장애물들이 많다. 영적인 기류에서 방해를 많이 받는 것이다. 그러나 무당, 점쟁이였던 사람들도 악한 영과의 관계를 완전히 청산하고 예수 그리스도를 믿고 돌아오면 그 다음부터 영적인 삶에서 놀라운 기적을 경험하게 된다. 그들에게는 과거에 악한 영들을 통해 일어났던 기적보다 더 큰 하나님의 기적이 필요하기 때문이다. 그것을 통해서 하나님을 믿고 따르도록 인도해 주신다.

신앙의 방해물이 상대적으로 적은 모태신앙의 경우 하나님께서 잔잔하게 역사하시는 경우가 많지만, 이렇게 방해물이 많은 사람들에게는 더 많은 기적을 보여 주시기도 한다.

한번은 나의 친척 가운데 불교에 열심인 사람이 있어서 전도하러 간 적이 있다. 그때 하나님께서 왜 내가 그 집을 방문해서 전도하게 하셨는지 알게 하셨다. 때가 너무 급해서 하나님께서 나를 이곳으로 부르셨고, 지금 예수 그리스도를 영접해야 한다고 말했다. 그렇게 전하고는 미국에 갔는데 나중에 소문을 들어보니 그 집이 완전히 망해 버렸다. 악한 영에 의해서 결국은 멸망당한 것이다. 사업도 다 망하고 육신의 병까지 얻어 너무 비참하게 되었다.

우리 주변에 믿지 않는 가족들은 없는가? 그 영혼들을 구원하기 위해 기도하라.

양심이 손상되는 까닭은?

양심에는 두 가지가 있다. 하나는 형식(Form)이고, 다른 하나는 양심의 내용(Meaning)이다. 양심의 형식은 연령이나 학식, 문화에 관계없이 모든 사람에게 동일한 방식으로 작용한다.

미국 사람이든 한국 사람이든 아프리카 사람이든 양심의 형식은 동일하게 작용한다. 그러나 양심의 내용은 나이, 학력, 환경, 문화, 믿음, 신앙의 연륜에 따라서 판단 기준이 달라진다. 후진국이니 선진국이니 하는 것이 이런 부분에서 결정되는 것을 볼 수 있다.

이것은 그들이 살고 있는 문화와 환경, 교육수준 등에 의해서 많이 변동된다. 이것이 양심의 내용이다. 그래서 우리가 그리스도인으로 회심해서 구원받고 난 다음에 변화되는 부분이 양심의 내용이다. 예수님을 믿으면 먼저 속사람이 바뀐다. 속사람의 양심도 바뀌고 모든 부분이 바뀌어진다.

그러면 양심의 형식에서 손상되는 부분이 무엇인지 알아보자.

양심의 형식

첫째, 양심은 약해진다(고전 8:7-12). 양심의 형식이 약하면 양심의 소리나 판단이 미약해지고 쉽게 흔들린다. 양심의 틀이 약해지니까 선이 없어져 무분별하게 들어오는 것이다. 양심의 형식이 약해지면 하나님의 뜻을 분별하기가 어려워진다. 약해지니까 아무 것이나 들어와도 다 수용하고 받아들일 수밖에 없다. 사람마다 약한 부분이 있다. 믿음이 연약한 자들은 행동한 후보다는 행동하기 전에 양심이 약해지는 경우가 많다.

둘째, 양심은 상한다.

> 환난 날에 진실치 못한 자를 의뢰하는 의뢰는 부러진 이와 위골된 발 같으니라 마음이 상한 자에게 노래하는 것은 추운 날에 옷을 벗음 같고 쏘다 위에 초를 부음 같으니라(잠 25:19~20).

마음이 상한다는 것은 양심이 상하는 것을 말한다. 약해진 양심이나 미성숙한 양심은 어려운 판단을 해야 하는 경우에 양심이 상하거나 손상을 입는다. 우리의 믿음이 그리스도의 장성한 분량에 충만한 데까지 자라야 하는 이유가 바로 여기에 있다.

믿음이 연약한 사람은 양심도 약하다. 믿음이 성숙한 사람이 행동을 자제해야 하는 이유는 자신의 양심 때문이 아니라 믿음이 연약한 형제의 양심을 위한 것이다. 믿음이 연약한 자가 양심에 손상을 받을 것 같은 경우 믿음이 강한 사람이 연약한 자를 위해서 자신의 행동을 절제해야 할 부분이 있다.

> 그러므로 만일 식물이 내 형제로 실족게 하면 나는 영원히 고기를 먹지 아니하여 내 형제를 실족치 않게 하리라(고전 8:13).

이 말씀에 음식에 대한 것이 나와 있는데, 시장에서 물건을 살 때 믿음이 연약한 자들은 혹시나 그것이 우상의 제단에 올려놓았던 제물이 아닌가 해서 먹지 않았다. 믿음이 있는 사람들은 기도하고 그냥 먹었지만, 믿음이 연약한 자들, 곧 양심이 약한 자들이 실족하게 될까 봐 자제

했던 것이다.

큰 믿음을 가지면 양심이 온전하게 된다. 그래서 양심껏 살려고 하지 말고 담대한 믿음, 큰 믿음을 가져야 한다. 그러면 양심의 부분은 자연적으로 건강해지고 온전해질 수가 있다.

셋째, 양심이 화인을 맞는다. 양심에 화인이 맞는다는 것은 어떤 문제에 대하여 오랫동안 양심의 소리를 듣지 않고 무시하면 그 문제에 대한 양심이 무디어져서 감각을 잃고 굳어지는 것을 말한다. 한마디로 구멍난 양심이다.

양심에 찔림을 받고도 행동으로 옮기고 무시해 버리면 나중에는 그런 것이 양심에 거리끼지 않게 된다. 예를 들면 대화할 때 항상 다른 사람에 대해서 비판을 잘 하는 사람이 있다. 처음에 그런 이야기를 들으면 섬뜩해서 저러면 안 되는데 저 사람이 왜 저럴까 하다가 그 사람과 친해지고 같이 다니다 보면 나중에는 괜찮아지고 결국에는 맞장구까지 치게 된다. 죄의식이 없어지고 양심이 무너지는 것이다.

그러다가 나중에는 오히려 더 앞장서서 비판하게 된다. 이것은 양심이 화인 맞은 것이다. 그리고 어떤 사람이 다른 사람에 대해서 비난하는 것을 보면 더 흥분하고 분노하는 사람들은 문제가 있다. 온전한 양심을 갖지 못하면 그렇게 된다. 오히려 그것을 안타까워하고 측은하게 생각해야 한다.

중보기도하는 사람은 양심이 잘못되면 기도를 하지 못한다. 느끼지 못하기 때문이다. 중보기도를 해야 할 중요성을 잃어버린다. 양심에 화인 맞은 사람이 자기 기도도 잘 하지 못하는데 어떻게 남을 위해서 기도하겠는가?

양심에 화인을 맞아서 무디어지기 시작하면 양심의 판단기능이 마비된다. 양심에서 '이러면 안 되는데' 하는 것이 없어진다. 그리고 자신이 잘못이라고 알고 있거나 인식하고 있는 행동에 대해서도 전혀 죄의식을 느끼지 못한다.

> 자기 양심이 화인 맞아서 외식함으로 거짓말하는 자들이라(딤전 4:2).

거짓말을 많이 하는 사람은 양심에 화인 맞은 사람이다. 거짓말을 해도 아무 거리낌이 없다. 거짓말하는 것이 너무나 자연스럽고 그때그때 자기 마음대로 거짓말을 한다. 그래서 이런 부분들은 치유를 받아야 할 부분들이다. 양심이 이렇게 깨어지기 시작하면 하나님에 대해서 민감성을 잃어버린다.

어떤 사람은 예수 믿은 지 얼마 안 되는데도 믿음이 충만하고 주님을 아주 사랑하는 사람이 있는가 하면 10년, 20년 신앙생활을 해도 항상 똑같고 변함이 없는 사람도 있다. 왜 그런가? 초신자이지만 믿음이 충만하고 쉽게 변화 받는 사람은 양심에 손상된 부분이 적기 때문이다. 이런 사람은 말씀도 쉽게 받고 은혜도 쉽게 받는다.

그러나 오늘날 양심에 손상을 받지 않은 사람은 거의 없다. 정도의 차이가 있을 뿐이다. 이 부분은 누구나 치료되어야 할 부분이다. 우리가 하나님의 기준에 이르기까지 치유받을 때 하나님의 마음에 합한 자가 되는 역사가 일어나게 될 줄 믿기 바란다.

양심의 내용
첫째, 양심이 더러워진다. 이것은 양심이 오염되고 얼룩진다는 뜻이다. 아무리 투명한 것이 있다 할지라도 거기에 때가 묻고 더러운 것들이 묻으면 투명한 것이 없어진다. 지저분해지고 볼 수가 없다. 마찬가지로 본래 하나님이 우리에게 주신 양심은 투명해서 하나님을 볼 수 있는 양심이었다. 그런데 이것이 더러워지고 약해진 것이다. 양심이 상하고 금이 갔다. 양심이 화인 맞았다. 거기에다가 양심이 더럽혀졌기 때문에 하나님을 볼 수 없다. 말씀이 들어오지 않는다.

우리는 육안으로 하나님을 만나는 것이 아니라 영으로 만난다. 그래서 양심에서 영으로 하나님을 만나고 나면 그 다음부터 우리의 생각과 행동, 육체의 모든 부분까지 다 영향을 받게 되어 있다. 이 부분이 잘못되면 우리의 삶 자체가 잘못되기 시작한다.

그래서 어떤 형태의 악을 받아들임으로 양심의 판단은 부패하고 오도되기 시작한다. 양심은 보고 듣는 것을 통해 오염된다. 예를 들어 대중매체 중에서 음란한 서적이나 음란물들을 보면 그 순간 양심이 더럽혀진다. 단순히 '회개하면 되겠지'라고 생각하기 쉽다.

그러나 이미 양심이 더럽혀지면 하나님과 멀어지기 시작하고 하나님이 보이지 않는다. 그래서 "음란 서적을 보지 말아라. 비디오를 보지 말아라" 할 것이 아니라 내가 깨끗한 양심을 가지고 "네가 하나님 만나기를 원하느냐 그러면 그런 것들이 네가 하나님을 만나는 부분에서 차단되고 더럽혀지게 되는데 너는 무엇을 택하겠느냐?" 이렇게 물어야 할 것이다.

이것은 단순히 도덕적으로 "악한 것들을 버려라. 그런 것은 하나님이 기뻐하지 않으신다"는 수준이 아니다. 전에는 하나님과의 대화가 이루어지고 내 찬양을 받으시고 기쁨을 주셨던 하나님의 역사가 어느 순간에 막혀버리고 없어져 버리기 때문에 그런 것을 잘라 버려야 한다.

요즘에는 음란물들이 범람한다. 일본 서적과 문화가 들어오고 있다. 나라가 힘이 약해서 지배받는 것은 나중에 회복될 수 있지만, 문화 식민지가 되는 것은 심각한 문제이다. 사실 경제 파탄보다 더 무서운 것은 사람들의 정신 문화를 완전히 다 무너뜨리는 것이다.

그래서 우리는 이런 것들을 위해서 심각하게 중보기도해야 한다. 이것이 경제 회복보다 더 중요하다. 그것이 회복되지 않으면 경제 회복이 되어도 다시 경제는 문화적인 것들에 영향을 받게 될 것이고 그런 문화들에 의해서 더 타락하게 된다.

요즘 아이들은 싸우는 것, 전쟁하는 것 등 폭력적인 것들을 많이 본다. 악한 영에 의해서 사람들이 생각할 수 없을 정도로 악한 폭력물들이 만들어지고 있다. 많은 아이들이 그런 폭력물에 무방비 상태로 노출되어 있기 때문에 아이들이 가면 갈수록 선한 마음을 가지기가 힘들고, 예수 믿기가 점점 어려워진다.

요즘은 위인 전기를 많이 읽히는 학교가 별로 없는 것 같다. 예전에는 세계를 움직이는 음악가, 과학자, 정치가, 학자, 의사, 변호사 등 여러 분야의 위인들에 대한 책들을 많이 읽었지만 요즘은 아이들이 게임에만 빠져 있다.

그러나 이 지식은 사람마다 가지지 못하여 어떤 이들은 지금까지 우상에 대한 습관이 있어 우상의 제물로 알고 먹는고로 그들의 양심이 약하여지고 더러워지느니라(고전 8:7).

둘째, 악(사악)해진다. 죄 가운데 오래 있게 되면 양심이 더러워지고 악해진다. 그리고 서슴지 않고 하나님을 거리는 판단을 하게 된다.

또한 저희가 마음에 하나님 두기를 싫어하매 하나님께서 저희를 그 상실한 마음대로 내어 버려두사 합당치 못한 일을 하게 하셨으니 곧 모든 불의, 추악, 탐욕, 악의가 가득한 자요 시기, 살인, 분쟁, 사기, 악독이 가득한 자요 수군수군하는 자요 비방하는 자요 하나님의 미워하시는 자요 능욕하는 자요 교만한 자요 자랑하는 자요 악을 도모하는 자요 부모를 거역하는 자요 우매한 자요 배약하는 자요 무정한 자요 무자비한 자라 저희가 이 같은 일을 행하는 자는 사형에 해당한다고 하나님의 정하심을 알고도 자기들만 행할 뿐 아니라 또한 그 일을 행하는 자를 옳다 하느니라(롬 1:28~32).

이렇게 양심이 악해지면 자기만 그 악한 일을 하는 것이 아니라 다른 사람도 그 일을 하도록 만들고 악한 일을 하는 사람은 다 괜찮다고 인정해준다. 그런 문화에 오염되면 갈수록 그 정도가 심해지는 것이다.

그러면 이렇게 점점 타락해 가는 도시를 어떻게 변화시킬 것인가? 우리가 먼저 정결함을 받고 그 영혼이 회개하고 돌아오도록 중보기도 해야 된다.

영적 교통을 방해하는 장애물들

영이 속박되었거나 묶임을 당하였을 때 영적 교통이 방해받는다. 즉 어떤 행동과 활동을 할 때 자유 의사에 따른 선택이나 결단이 약화되거나 선택을 할 수 없는 상태이다. 이것은 각종 중독이나 악습, 잘못된 관계 속에 묶여 빠져 나올 수 없는 상태를 말한다. 어떤 사람을 미워하거나 시기할 때 자유하지 못하다. 그러므로 시기와 분노를 해결하지 못하면 더 큰 기쁨과 평강을 누리지 못한다.

우리가 무엇과 관계를 갖느냐 하는 것이 매우 중요하다. 우리가 무엇에서 즐거움을 찾느냐에 따라 달라진다. 그래서 속박되거나 묶임을 당하면 사람이나 하나님께 나아갈 수 없는 상태가 된다. 묶임을 당하면 가고 싶어도 묶여 있는 것 때문에 가지 못한다.

이것이 심각해지면 자폐증 환자가 된다. 자폐증인 사람들은 자신을 완전히 방안에 가두어 놓고 사람을 만나기 싫어하고, 하나님도 싫어한다. 그래서 깊은 고독과 소외감에 빠져 인생을 망쳐 버리는 경우가 있다.

이것은 성격의 문제도 아니고 단순한 유전의 문제도 아니다. 이것은 고독, 소외감, 낙심, 좌절 등 그를 묶고 있는 악한 영에 의해 속박을 당하고 있기 때문이다. 윗대에서 이런 문제가 있었다고 할지라도 아랫대에서는 이런 일이 생기지 않도록 문제를 해결할 수 있다. 치유할 수 있다.

이것은 유전이기 때문에 어쩔 수 없다고 생각하지만 그렇지 않다. 유전이라는 단어를 타고 내려왔던 그 부분을 끊고 악한 영이 그 사람에게 더 이상 역사하지 못하도록 막은 다음, 그 악한 영을 드러내서 내어쫓으면 된다. 그리고 양심에서 손상된 부분들을 하나하나 치유하기 시작하면 이것이 영적인 치유다. 영적인 치유와 내적 치유는 다르다. 영적 교통을 방해하는 장애물들은 다음과 같다.

첫째, 율법주의다. 바리새인의 율법주의에서 나타난 네 가지 특징은 형식주의, 외식주의, 인본주의, 자기 의를 나타내는 것이다. 율법주의는 영을 묶어 버린다. 그러나 복음을 들으면 소망이 있다. 율법주의에서는 훌륭한 인재가 나오지 않는다. 뭐든지 부정적인 시각에서 보기 때문이다.

> 가라사대 화 있을진저 또 저희 율법사여 지기 어려운 짐을 사람에게 지우고 너희는 한 손가락도 이 짐에 대지 않는도다(눅 11:46).

복음을 받아들이면 시야가 넓어지고 어려움 가운데서도 하나님의 가능성을 늘 붙든다. 예수님만이 우리에게 소망을 줄 수 있기 때문이다. 목표가 뚜렷한 사람은 미래를 향해 가기 바쁘다.

둘째, 두려워하면 노예가 된다. 우리가 무엇을 두려워하면 그것의 종이 된다. 두려워하는 것에 속박되어 있다는 증거이다.

> 너희 자신을 종으로 드려 누구에게 순종하든지 그 순종함을 받는 자의 종이 되는 줄을 너희가 알지 못하느냐 혹은 죄의 종으로 사망에 이르고 혹은 순종의 종으로 의에 이르느니라(롬 6:16).

일을 두려워하는 사람이 있는가 하면 일에 미쳐 있는 사람이 있다. 일만 보면 너무 좋아하고 행복해 한다. 그래서 그런 사람들은 일에 중독된 사람이다. 일 중독증에 걸린 사람은 먹는 것도 잊어버린다. 많은 일을 했다는 것에 보람을 느끼는 것이다.

어떤 유명한 교수가 일 중독증에 걸려서 집에 들어가지도 않고 연구실에서 자고 눈만 뜨면 연구를 했다. 아내와 아이들에 대해서는 관심도 없었다. 식구들은 힘들어 했지만 그는 행복했다. 연구하는 데 방해가 되니까 사람 만나는 것도 싫어하고 혼자서 연구만 하는 것이다.

요즘에는 컴퓨터에 중독된 사람들이 너무나 많다. 컴퓨터에 빠지면 시간 가는 줄 모르고 몇 시간씩 컴퓨터 앞에 앉아 있다. 그런 사람들도 치료받아야 한다.

셋째, 영적으로 메마를 때 영적 교통이 방해를 받는 원인이 된다. 메마르고 있다는 증거는 영적 체험에서 기쁨과 감격이 사라지기 시작하는 것이다. 예전에는 아주 기쁘고 즐거웠는데 어느 순간부터 기쁨이 사라진다.

> 또 너로 말할진대 네 언약의 피를 인하여 내가 너의 갇힌 자들을 물 없는 구덩이에서 놓았나니 소망을 품은 갇혔던 자들아 너희는 보장으로 돌아올지니라 내가 오늘날도 이르노라 내가 배나 네게 갚을 것이라
> (슥 9:11~12).

기쁨이 사라지는 제일 큰 원인은 처음에는 주님과 같이 일을 시작했는데 나중에 한참 일을 하다보니 일과 나만 남고 주님은 안 계시는 것이다. 그러면 그때부터 곤고해지기 시작한다. 또 한 사람이 너무 많은 일을 맡으면 지쳐서 기쁨이 사라진다. 그러면 기도도 잘 안 된다.

이때 가장 먼저 확인해야 하는 것은 지금 내가 주님과 함께 사역하고 있는지 아니면 사역만 하고 있는지 구분하는 것이다. 이것이 구분되지 않으면 나중에는 하나님의 일을 하면서도 일 중독증에 걸릴 수 있다. 일만 좋아하고 하나님은 가끔씩만 찾는 것이다. 이렇게 되면 세상일을 하는 것과 별로 다를 것이 없다. 메마르기 시작할 때 기쁨이 사라지고 감사가 사라지고 일을 하면서 소망이 사라진다. 이런 것들은 다 메마르고 있다는 증거다.

넷째, 너무 가난하고 궁핍할 때다. 옛날에 가난함은 순결함과 청빈함의 표상이었다. 그러나 극도의 궁핍함 속에 있을 때 영이 묶이기 시작한다. 경제적으로 너무 어려우면 영적 생활도 힘들어진다.

율법주의는 청빈이라 하여 가난한 것이 믿음이 좋은 것으로 착각하게 한다. 그러나 성경에 가난이 축복이라고 되어 있지 않다. 그렇다고 부자는 다 축복받았다는 말은 아니다. 주의 일을 기쁨으로 할 수 있을 정도로 축복 받아야 한다. 성경은 하나님 없이 물질이 많은 것은 축복이 아니라고 한다. 그것을 가지고 더 타락하기 때문이다. 하나님이 함께 하실 때 하나님의 영광을 위해서 그 물질을 사용할 수 있다.

> 여호와는 궁핍한 자를 들으시며 자기를 인하여 수금된 자를 멸시치 아니하시나(시 69:33).

다섯째, 악습에 빠지거나 사로잡혀 있을 때다. 약물 중독이나 음란한 매체를 통해서 영이 상하는 경우도 있다.

> 나의 기뻐하는 금식은 흉악의 결박을 풀어주며 멍에의 줄을 끌러주며 압제 당하는 자를 자유케 하며 모든 멍에를 꺾는 것이 아니겠느냐(사 58:6).

교만이나 시기, 남이 잘 되는 것을 시기하는 것, 자기 연민 등도 악습이다. 어떤 사람은 너무나 자기 중심적이어서 자신에 대해서는 관대하면서 다른 사람들에 대해서는 아주 날카로운 사람이 있다.

또 어떤 사람은 사실은 거만하지 않은데 거만하게 보이는 외모를 가진 사람도 있다. 그래서 사람들이 그 사람을 대할 때 일단 거만이라는 선입견을 가지고 볼 수 있다. 그런 사람은 빨리 거만해 보이는 부분을 고칠 필요가 있다. 어떤 사람은 가만히 있어도 웃는 얼굴인데 어떤 사람은 침묵하면 화난 것처럼 보이는 얼굴이 있다. 그것도 고쳐야 한다. 속사람이 완전히 바꾸어지지 않으면 얼굴도 바뀌지 않는다. 교만, 시기, 자기연민, 거만, 약물중독, 각종 중독 등은 영은 막히게 한다.

여섯째, 비술(사술)에 묶임이다. 직계 가족이나 가까운 친척 가운데 무당이 있으면 혼자 예수 믿는 사람은 신앙생활하기가 얼마나 힘든지 모른다. 주의 일을 하기는커녕 자신의 신앙조차 지키기 힘들다. 그럴 때 그 사람이 악한 영에 묶이지 않도록 주변에서 기도를 해주어야 한다.

> 네 하나님 여호와께서 네게 주시는 땅에 들어가거든 너는 그 민족들의 가증한 행위를 본받지 말 것이니 그 아들이나 딸을 불 가운데로 지나게 하는 자나 복술자나 길흉을 말하는 자나 요술하는 자나 무당이나 진언자나 신접자나 박수나 초혼자를 너의 중에 용납하지 말라 무릇 이런 일을 행하는 자는 여호와께서 가증히 여기시나니 이런 가증한 일로 인하여 네 하나님 여호와께서 그들을 네 앞에서 쫓아내시느니라(신

18:9~12).

일곱째, 환난이다. 극한 어려움이나 핍박, 몸과 마음에 병이 들거나 관계가 깨어져 어려움을 겪는 것이다. 환난은 몸에는 손상을 안 받아도 극한 어려움이나 마음 고생으로, 핍박이나 어려움을 당하는 것을 말한다. 이럴 때 겉으로 드러나는 상처는 없지만 건강이나 영이 속박되고 묶임을 당하기 시작한다.

환난을 많이 겪으면 그것에 묶여 있거나 눌려서 속박을 당하게 된다.

> 혹시 그들이 누설에 매이거나 환난의 줄에 얽혔으면 그들의 소행과 허물을 보이사 그 교만한 행위를 알게 하시고 그들의 귀를 열어 교훈을 듣게 하시며 명하여 죄악에서 돌아오게 하시나니 만일 그들이 청종하여 섬기면 형통히 날을 보내며 즐거이 해를 지낼 것이요 만일 그들이 청종치 아니하면 칼에 망하며 지식없이 죽을 것이니라(욥 36:8~12).

여덟째, 거역이다. 하나님이나 정당한 권위에 거역하는 사람은 영혼의 자유함이 없다. 그리고 하나님이 보호하시는 그 보호막에서 제외된다. 그때부터 환난이 오고 어려움이 온다. 거역하는 자는 사람들과도 차단되기 시작하고 자신의 자유를 억제하고 과도하게 자신을 방어하는 데 골몰하기 시작한다.

사람을 만날 때 지나치게 자신을 방어하거나 공격적인 면이 있다면 그것은 그 사람 안에 무엇인가 거역하는 마음이 남아 있기 때문이다. 그런 사람을 만나면 편안함이 없다.

영적 치유가 필요할 때

혼란스러운 영

혼란은 관계 속에서 온다. 하나님과의 관계가 혼란스러울 때 온전한 관계가 되지 못한다. 그리고 사람과의 관계나 물질적인 압박에서 일어나는 문제들이 원인이 될 수도 있다.

첫째, 번민이 있을 때다. 여러 가지 일들로 인해 번민이 가득할 때 우리의 영은 혼란스러워진다. 번민이 지속될 때 초조해지기 시작한다.

> 아침에 그 마음이 번민하여 보내어 애굽의 술객과 박사를 모두 불러 그들에게 그 꿈을 고하였으나 그것을 바로에게 해석하는 자가 없었더라 (창 41:8).

> 느부갓네살이 위에 있은 지 이년에 꿈을 꾸고 그로 인하여 마음이 번민하여 잠을 이루지 못한지라(단 2:1).

둘째, 초조할 때다.

> 열두 해를 혈루증으로 앓는 한 여자가 있어 많은 의원에게 많은 괴로움을 받았고 있던 것도 다 허비하였으되 아무 효험이 없고 도리어 더 중하여졌던 차에(막 5:25~26).

열두 해 동안 혈루증을 앓던 여인이 있었다. 그녀는 오랜 투병생활로 물질이 다 없어져서 병원에 갈 돈조차 없었다. 수술도 받고 이런 저런 치료도 다 받아 봤지만 차도가 없었다. 얼마나 초조했겠는가? 그녀는 예수님의 옷에 손을 대기만 해도 낫는다는 믿음을 가지고 나아갔다. 초조할 때 우리의 길이요 진리요 생명되신 예수님과 함께할 때 치유 받을 수 있다.

셋째, 두려움과 염려가 있을 때다. 사람이 초조해지기 시작하면 그 다음부터는 마음속에 두려움과 염려가 엄습해 오기 시작한다.

> 사람을 두려워하면 올무에 걸리게 되거니와 여호와를 의지하는 자는 안전하리라(잠 29:25).

우리의 삶 속에서 두려움과 근심, 염려가 얼마든지 있을 수 있다는 것을 인정해야 한다. 기도하는 중에 두려움이 확 스쳐갈 때가 있다. 앞으로 두려움이 닥칠 일을 예고하는 것이다. 그때 만일 기도하지 않았으면 그로 인해 침체되거나 눌릴 수 있는 환경이 닥치는 것을 본다. 하나님께서 미리 준비시키는 것이다.

넷째, 비탄에 빠져 있을 때다. 두려움과 근심에 꽉 차 있으면서도 기도하지 않으면 비탄에 빠지기 시작한다. 비탄에 깊이 빠지면 심한 경우 자살까지 할 수 있다.

> 여호와여 돌아보옵소서 내가 환난 중에서 마음이 괴롭고 마음이 번뇌하오니 나의 패역이 심히 큼이니이다 밖으로는 칼의 살륙이 있고 집에는 사망 같은 것이 있나이다(애 1:20).

영적 치유를 할 때 기억해야 할 한 가지 원칙이 있다. 영적인 치유는 절대로 압박하거나 공포를 주거나 위협해서는 안 된다. 육신의 질병도 환자에게 제일 먼저 필요한 것이 안정인 것처럼 혼란스러운 영에게도 평안이 필요하다. 평안이 오면 혼란은 물러가게 되어 있다. 평강이 넘쳐나면 혼란한 부분들은 다 사라지기 시작한다. 평강의 능력이 충만해지면 이제 혼란스러운 자를 치유할 수 있는 능력이 그 속에서 역시하는 줄 믿기 바란다. 그래서 예수 믿는 사람은 마음이 평안해야 한다.

> 다윗의 자손 요셉이라 하는 사람과 정혼한 처녀에게 이르니 그 처녀의 이름은 마리아라 그에게 들어가 가로되 은혜를 받은 자여 평안할지어다 주께서 너와 함께하시도다 하니(눅 1:27).

처녀가 잉태했다. 얼마나 놀라운 일인가? 그때는 돌에 맞아 죽어야 했다. 그때 천사가 뭐라고 말하는가?

"은혜를 받은 자여 평안할지어다. 주께서 너와 함께 계신다"고 했다. 하나님의 역사가 일어나면 먼저 평안이 온다. 영적인 치유에서 제일 중요한 것이 평안이다. 이것은 인간이 주는 평안이 아니라 하나님이 주신 평안이다.

쇠잔한 영

첫째, 어떤 상황에서 충격이 크면 위축되거나 절망 속에 빠질 수 있다. 사람을 지나치게 믿어 버리면 실망이 크다. 사람은 사랑해야지 너무 믿으면 절망 속에 빠질 수밖에 없다.

> 그러므로 내 심령이 속에서 상하며 내 마음이 속에서 참담하나이다
> (시 143:4).

그래서 성경은 내 심령이 속에서 상할 때에도 주께서 내 길을 아셨다고 말씀하고 있다. 내가 이런 가운데 있을 때에도 주님이 나와 함께 하신다는 것이다. 주님이 나와 함께 하신다는 첫 번째 증거가 평안이다. 찬양할 때 주님이 나와 함께 하신다는 첫 번째 징표가 평안이다. 말씀을 읽으면서도 평강을 통해 주님이 나와 함께하시는 것을 알 수 있다. 위기 속에서 주님이 나와 함께 하신다는 것을 어떻게 알 수 있는가? 바로 내 마음에 있는 평안을 통해 알 수 있다.

둘째, 실망이 너무 크면 영은 그 기운이 쇠약해지며 고갈되고 쇠잔하게 된다. 사람은 연약하다. 그래서 연약한 인생을 의지하지 말고 전능하신 주님을 바라보아야 한다. 사람을 너무 믿으면 실망하게 된다. 또 우리가 부족한 것을 사람들에게서 채우려고 할 때 실망한다.

예를 들어 변화 받아야 할 어떤 사람이 있다고 하자. 내가 그를 변화시키려고 하면 안 된다. 이 사람을 만든 분께 기도하면 된다. 그래서 하나님께서 직접 그 사람을 변화시켜야 한다.

자녀들의 나쁜 습관도 가끔씩 타이르기는 하지만 기도해야 고쳐진다. "하나님, 이 아이에게 이런 습관이 있는데 하나님 좀 고쳐 주세요. 마음에서 변화가 일어날 수 있게 해주세요"라고 기도해야 한다. 하나님의 응답으로 어느 날 아이의 태도가 바뀌고 생각이 바뀌고 행동이 바뀌기 시작하는 것이다.

> 여호와여 속히 내게 응답하소서 내 영혼이 피곤하니이다 주의 얼굴을 내게서 숨기지 마소서 내가 무덤에 내려가는 자 같을까 두려워하나이다 (시 143:7).

시편의 이 말씀은 너무 실망이 커서 목숨 걸고 기도하는 모습이다. 사람에게 너무 큰 기대를 하지 않는 것이 좋다. 사람은 알면 알수록 실망할 일들이 자꾸 생긴다.

비탄의(상심한) 영

첫째, 사별하거나 거절당했을 때, 버림받았을 때 상심한다. 사랑하는 배우자와 사별했을 때 세상을 떠난 분이 예수만 믿었다면 그것은 영원한 이별이 아니다. 이 땅에서 잠깐 사는 동안만 이별하는 것이다. 우리는 어차피 한번은 다 죽게 되어 있다. 같이 예수 믿다가 한 사람은 앞서고 한 사람은 뒤서는 것일 뿐이다.

> 여호와께서 너를 부르시되 마치 버림을 입어 마음에 근심하는 아내 곧 소시에 아내되었다가 버림을 입은 자에게 함같이 하실 것임이니라 네 하나님의 말씀이니라(사 54:6).

우리가 살면서 가장 마음 아픈 것은 버림받는 것이다. 성장 과정에서 마음의 상처가 가장 많은 사람들이 고아들이다. 육신의 부모로부터 버림받고 세상에서 버림받았다고 생각하기 때문에 하나님을 믿어도 마치 육신의 부모가 자신을 버린 것처럼 그렇게 믿는다. 그런 사람들이 신앙생활을 열심히 하는 이유는 버림받지 않기 위해서이다.

내가 목회를 할 때 고아인 한 형제가 있었다. 그 형제는 누가 너무 잘해주면 항상 경계했다. 왜 그러냐고 물었더니 자기에게 너무 잘해주는 사람은 꼭 자신을 이용하더라는 것이다. 지금까지 세상을 살면서 그런 경험을 하며 자라왔기에 일단은 경계를 하고 보는 것이다.

이런 사람은 하나님의 축복을 많이 받으면 두려워한다. 일이 너무 잘되면 '하나님 영광을 위해서 내가 어떻게 쓰임 받을 것인가' 하고 생각하는 것이 아니라 '이러다가 또 야단 맞겠지' 싶어 불안해한다. 그렇다고 그가 구원받지 못한 것은 아니다. 다만 그 영혼의 상처가 깨끗이 치유되지 않았기 때문이다.

하나님은 우리 육신의 부모와 같은 하나님이 아니다. 육신의 부모는 한계가 있다. 그렇지만 전능하신 아버지는 무한하시다. 그분은 조건을 걸고 우리를 대하시는 것이 아니라 그분 앞에 나아가기만 하면 언제든지 우리를 받아 주시고 기뻐하시고 우리와 함께 하신다.

요즘 사역하면서 날이 갈수록 하나님의 사랑은 측량할 수 없이 크다는 것을 느낀다. 당신은 지금 측량할 수 없는 하나님의 사랑 속에서 머물고 있는가? 측량할 수 없는 하나님의 은혜 속에 거하고 있는가? 그 속에서 나올 수 있는 우리의 입술의 열매는 감사밖에 없다. 이것은 환경의 문제가 아니다. 내 영혼의 문제다. 하나님의 사랑과 섭리는 얼마나 깊고 오묘한지 측량할 수가 없다.

그러기 때문에 전능하신 하나님의 측량할 수 없는 그 무한한 능력과 축복, 은혜가 우리 안에 있으면 사람들이 우리를 따돌린다 해도 전능자가 우리와 함께 하기에 외롭지 않다. 사람에게서 얻을 수 없는 진정한 행복과 기쁨을 주님과의 관계에서 소유하게 되는 줄 믿기 바란다. 그래서 세상에서 버림받고 인간관계에서 상처받은 사람들은 하나님의 사랑이 그 심령에서 흘러넘칠 때 온전한 치유가 이루어진다.

그 사랑이 넘치지 않으면 순간적인 치유일 뿐이다. 하나님의 온전한 사랑, 하나님의 온전한 은혜와 온전한 능력이 그 안에서 역사하면 다른 것이 들어올 수가 없다. 온전한 치유가 이루어지는 줄 믿기 바란다.

가정에서 부모가 억압하는 환경에서 자란 사람이나, 어려서부터 매를 많이 맞고 조금만 잘못하면 윗사람에게서 질책을 받으면서 자란 사람이 있는가? 그런 일로 인해 상처가 남아 있으면 가정에서도 문제가 생긴다. 사람을 대할 때도 누가 질책하면 그때 받은 상처가 다시 드러나기 시작한다.

건강한 상태에서는 손을 눌러 마사지해 주면 시원하다고 느낀다. 그러나 상처가 있을 때 그곳을 누르면 아프다. 이처럼 상처가 없는 사람에게는 문제가 안 되는 일도 질책으로 인해 상처를 많이 받은 사람에게 또다시 질책하면 그 아픈 부분이 드러나니까 얼굴색이 달라지는 것이다.

전능하신 하나님께서 우리를 사랑하시고 치유하실 때 어떻게 하셨는가? 이 세상이 줄 수 없는 사랑을 그분에게서 받으면 그 동안 부족했던 사랑이 메워지기 시작하면서 문제가 해결되는 것이다. 하나님의 사랑으로 들어가면 그 사랑 안에서 모든 것이 치유되기 시작한다. 하나님이 나를 사랑하시고 불꽃같은 눈동자로 지켜주시며 나를 축복하시기를 원하시기 때문이다. 버림받았을 때의 상심은 영적인 삶에서도 얼마나 큰 손상인지 모른다. 그런데 온전한 사랑이 올 때는 부분적으로 부족했던 부분들은 다 채워지기에 그것이 문제가 되지 않는 줄 믿기 바란다.

둘째, 비꼬는 말이나 신랄한 말 때문에 받은 상처가 있다. 무슨 이야기를 하면 항상 비꼬아서 말하는 사람이 있다. 지식층에 있는 사람들 중에 그런 사람들이 많이 있다. 고차원적으로 비꼬거나 비틀어서 말한다. 교회 안에도 그런 사람들이 있다. 그러면 교회가 아주 혼란스러워진다. 이럴 때 목회자가 잘못된 것은 이렇게 고쳐야 한다고 정확히 말해 주어야 한다. 그것은 영혼에 큰 상처가 될 뿐 아니라 하나님과의 관계에 얼마나 많이 방해받는지 모른다. 부정적인 생각이나 불평하는 말들이 머리에 떠오르면 사람들에게 말하지 말고 주님 앞에 가서 쏟아 놓으라. 그렇지 않으면 영적으로 눌리거나 기도가 막힐 수 있다.

> 진리를 말하는 자는 의를 나타내어도 거짓 증인은 궤휼을 말하느니라 혹은 칼로 찌름같이 함부로 말하거니와 지혜로운 자의 혀는 양약 같으니라(잠 12:17~18).

> 죽고 사는 것이 혀의 권세에 달렸나니 혀를 쓰기 좋아하는 자는 그 열매를 먹으리라(잠 18:21).

요즘 사회에 큰 문제가 되고 있는 왕따도 비꼬는 말, 신랄한 말로 인한 상처 때문에 생긴 것이다. 남을 따돌리는 사람들은 모두 분리하는 영 속에 잡혀 있는 사람들이다. 그런 사람들에 의해서 따돌림받는 사람 또한 상처를 받는다. 우리가 죽고 사는 것은 혀에 달려 있다. 우리의 삶의 방향이 여기서 결정된다. 하나님이 기뻐하시는 믿음의 말을 하는 것은 참으로 중요하다.

두려워하는 영, 소심한 영

첫째, 불확실하고 막연한 두려움부터 무서운 공포와 테러에 이르기까지 다양하다. 테러리스트들은 사실은 공포 때문에 테러 행위를 한다고 한다. 자기가 편안하면 남을 불편하게 하지 않는다.

> 곧 사람이 깊이 잠들 때쯤 하여서니라 내가 그 밤의 이상으로 하여 생각이 번거로울 때에 두려움과 떨림이 내게 이르러서 모든 골절이 흔들렸었느니라 그때에 영이 내 앞으로 지나매 내 몸에 털이 주뼛하였었느니라(욥 4:13~15).

둘째, 두려워하는 영을 해결하려면 평안과 안정이 필요하다. 평강의 영이신 성령으로 충만해야 평안이 깨진 부분이 회복된다. 엘리야가 갈멜산에서 영적 전투가 끝났을 때 탈진하여 로뎀 나무 아래서 죽기를 고하자 하나님께서 그를 쉬게 하시고 까마귀에게 먹을 것을 물어다 주게 하셔서 평안과 안정을 찾아주셨다.

상한 영

**첫째, 고통과 스트레스가 영을 상하게 하는 지점을 넘어섰을 때 가장 심각한 상태가 된다.

둘째, 재기하려는 의욕마저 상실하게 되며 살고 싶은 의욕도 없어진다.

> 사람의 심령은 그 병을 능히 이기려니와 심령이 상하면 그것을 누가 일으키겠느냐 명철한 자의 마음은 지식을 얻고 지혜로운 자의 귀는 지식을 구하느니라(잠 18:14~15).

> 마음의 즐거움은 얼굴을 빛나게 하여도 마음의 근심은 심령을 상하게 하느니라(잠 15:13).

마음이 편안한 사람들은 얼굴이 밝고 빛나서 여러 사람들 가운데 있어도 표시가 날만큼 환하다.

셋째, 상한 영은 재앙, 환난, 죄의식, 기만당했을 때 나타난다.

> 보라 나의 종들은 마음이 즐거우므로 노래할 것이로되 너희는 마음이 슬프므로 울며 심령이 상하므로 통곡할 것이며 또 너희의 끼친 이름은 나의 택한 자의 저줏거리가 될 것이니라 주 여호와 내가 너를 죽이고 내 종들은 다른 이름으로 칭하리라(사 65:14~15).

하나님의 백성들은 마음이 즐거우므로 노래하고 하나님과 관계가 없는 자들은 마음이 상하고 통곡할 것이라고 했다. 예수를 믿으면서 마음이 상해서 통곡하는 것은 하나님과의 관계나 영적인 부분에서 큰 문제가 있다는 것이다. 이것을 해결해야 한다.

> 내가 피곤하고 심히 상하였으매 마음이 불안하여 신음하나이다
> (시 38:8).

> 온량한 혀는 곧 생명 나무라도 패려한 혀는 마음을 상하게 하느니라
> (잠 15:4).

이렇게 마음이 상하여 불안한 사람에게는 안정시켜서 치유를 해야 하는데 사람들은 이런 사람들을 치료할 때 격분해서 상처를 더 주는 경우가 있다.

넷째, 상한 영은 소성해야 한다.

> 내 영혼이 진토에 붙었사오니 주의 말씀대로 나를 소성케 하소서
> (시 119:25).

진토에 붙었다는 것은 완전히 땅바닥에 엎드러져 있는 것이다. 그러나 하나님께서 자기 영혼을 소성시키시면 다시 일어날 수 있다고 고백하고 있다. 그래서 기도가 침체되어 있는 사람이나 영적으로 침체되어

있는 사람은 자신의 영혼을 소성시켜 달라고 찬양하고 기도해야 한다.

내 눈을 돌이켜 허탄한 것을 보지 말게 하시고 주의 도에 나를 소성케 하소서(시 119:37).

잘못된 영의 태도와 상태

잘못된 영의 태도로 인해 잘못된 영의 상태가 된다. 그렇다면 잘못된 영의 태도는 무엇인가? 이것은 하나님에 대한 태도로서 관계상의 문제로 나타난다. 계속해서 언급되는 것이 관계다. 축복은 하나님과의 관계를 통해서 온다. 은혜 받는 것이나 기도응답도 하나님과의 관계에서 온다.

영적인 능력은 하나님과의 관계다. 그러니까 하나님께서 제일 중요하게 생각하시는 것은 하나님과의 관계가 멀어지지 않고 끊어지지 않는 것이다. 구약에서 계속해서 가르치는 것이 그것이다.

우리는 왜 계속해서 예배를 드려야 하는가? 하나님과 계속 좋은 관계를 유지하기 위해서다. 잘못된 영의 상태는 몇 가지로 분류할 수 있다.

첫째, 교만이다. 반대되는 것을 싫어하며 다른 사람들의 관심사나 견해에는 상관없이 자기 마음대로 하는 거만한 태도를 말한다. 이것은 거역의 뿌리가 되며 하나님을 대적하는 태도가 된다. 하나님의 뜻보다 내 뜻이 이루어지기를 원하는 것이다.

> 교만은 패망의 선봉이요 거만한 마음은 넘어짐의 앞잡이니라
> (잠 16:18).

둘째, 사교다. 거짓의 영, 음란의 영이라고도 하며 거룩한 영 외의 모든 것을 포함한다.

> 우리는 하나님께 속하였으니 하나님을 아는 자는 우리의 말을 듣고 하나님께 속하지 아니한 자는 우리의 말을 듣지 아니하나니 진리의 영과 미혹의 영을 이로써 아느니라(요일 4:6).

> 내 백성이 나무를 향하여 묻고 그 막대기는 저희에게 고하나니 이는 저희가 음란한 마음에 미혹되어 그 하나님의 수하를 음란하듯 떠났음이니라(호 4:12).

이단이나 어떤 악한 영에 의해서 지배받는 자는 거짓의 영이나 음란으로 끌고 들어간다. 그래서 구약에서는 간음과 음란을 불신앙으로 다루고 있다. 곧 진리를 거부하며 거짓과 기만적인 가르침을 좇는 영적 상태를 말한다. 하나님의 진리보다는 다른 것을 쉽게 받아들인다.

셋째, 속임이다(렘 9:4~8). 이득을 취하거나 책임 회피를 위해 거짓말하는 것을 말한다. 하나님 보시기에 거짓된 것으로서 진리를 왜곡시키고 조작하지만 결국 자기 기만에 빠지고 만다.

만일 우리가 죄 없다 하면 스스로 속이고 또 진리가 우리 속에 있지 아니할 것이요(요일 1:8).

너희는 도를 행하는 자가 되고 듣기만 하여 자신을 속이는 자가 되지 말라(약 1:22).

영의 치유와 성령의 역사

십자가의 대속
첫째, 대속은 영의 문제 즉, 죄와 질병, 악령을 해결해 주셨다.

그리스도께서 장래 좋은 일의 대제사장으로 오사 손으로 짓지 아니한 곧 이 창조에 속하지 아니한 더 크고 온전한 장막으로 말미암아 염소와 송아지의 피로 아니하고 오직 자기 피로 영원한 속죄를 이루사 단번에 성소에 들어가셨느니라 염소와 황소의 피와 및 암송아지의 재로 부정한 자에게 뿌려 그 육체를 정결케 하여 거룩케 하거든 하물며 영원하신 성령으로 말미암아 흠 없는 자기를 하나님께 드린 그리스도의 피가 어찌 너희 양심으로 죽은 행실에서 깨끗하게 하고 살아 계신 하나님을 섬기지 못하겠느뇨(히 9:11~14).

구약에는 짐승을 잡아 피를 뿌려 죄 사함을 받았는데, 하나님께서 십자가의 구속의 사건을 통해 우리의 모든 것을 깨끗하게 하셔서 우리가 하나님의 자녀답게 살 수 있는 능력을 주지 못하시겠느냐는 것이다. 그리스도께서 이미 다 해결해 주신 것을 그대로 믿기만 하면 된다. 하나님께서는 말씀을 기쁨으로 듣고 순종하는 자에게 그대로 역사하신다. 의심하는 자에게는 역사가 이루어지지 않는다. 영적인 치유도 마찬가지다.

둘째, 그리스도는 살려 주는 영이다.

> 기록된바 첫 사람 아담은 산 영이 되었다 함과 같이 마지막 아담은 살려 주는 영이 되었나니 그러나 먼저는 신령한 자가 아니요 육 있는 자요 그 다음에 신령한 자니라 첫 사람은 땅에서 났으니 흙에 속한 자이거니와 둘째 사람은 하늘에서 나셨느니라(고전 15:45~47).

예수님은 죽었던 영을 다시 살려주셨다. 죽은 영을 다시 살려주신 그분이 우리를 능히 치료하고 고치실 줄 믿기 바란다. 우리는 소성될 수 없는 상태에 있다고 할지라도 주님 앞에 죄를 고백하고 그리스도의 피로 씻음 받으면 성령이 내 안에 충만히 임하시고 다시 소성될 수 있다. 한 시간 전에 침체되었던 심령이 한 시간 후에는 바라보는 것이나 생각하는 것이 전혀 달라질 수 있다.

셋째, 믿는 자는 그리스도와 연합할 때 그리스도와 더불어 한 영이 된다. 우리가 예수 그리스도가 되는 것이 아니라 그리스도의 영으로 말미암아 그리스도의 지체가 됨으로 한 몸이 되는 것이다. 그러므로 하나님께서 나를 도구로 쓰기 위해서는 기도로 끊임없이 교통하면서 사역에 들어가야 된다. 그리하여 끊임없이 성령의 인도를 받는 것이다.

주와 합하는 자는 한 영이니라(고전 6:17).

주 예수 그리스도의 은혜가 너희 심령에 있을지어다(빌 4:23).

악한 영이 제일 두려워하는 것이 예수 그리스도의 십자가의 피다. 구약에서는 유월절 어린양의 피를 문에 발랐을 때 죽음의 사자가 넘어간 것을 볼 수 있다.

성령의 역사
첫째, 그리스도와 영원한 연합이다. 성령의 인치심으로 우리는 그리스도와 영원히 연합한 상태가 되었다.

그의 성령을 우리에게 주시므로 우리가 그 안에 거하고 그가 우리 안에 거하시는 줄을 아느니라(요일 4:13).

성령을 우리에게 주셨기 때문에 우리가 그리스도 안에, 그리스도가 우리 안에 계신 것이다.

> 너희가 아들인고로 하나님이 그 아들의 영을 우리 마음 가운데 보내사 아바 아버지라 부르게 하셨느니라(갈 4:6).

둘째, 우리 안에 계신 하나님의 생명은 성령이다.

> 살리는 것은 영이니 육은 무익하니라 내가 너희에게 이른 말이 영이요 생명이라(요 6:63).

성령은 권능과 능력일 뿐만 아니라 그리스도의 생명을 우리에게 부어 주신다. 성령이 우리 안에 들어오셔야 우리 영혼을 소성시키고 치료하시고 역사하신다.

> 저가 또 우리로 새 언약의 일꾼 되기에 만족게 하셨으니 의문으로 하지 아니하고 오직 영으로 함이니 의문은 죽이는 것이요 영은 살리는 것임이니라(고후 3:6).

영은 살리는 것이다. 성령의 임재 가운데 들어가면 침체되었던 영혼이 자유로워지고 기쁨을 잃어버렸던 영혼이 다시 소성되고 소망이 넘치게 된다.

그러니까 하나님의 임재 가운데 예배를 드리고 나면 과거에 없었던 소망이 나에게 들어오는 것이다. 성령의 임재 가운데 하나님께 순종하고 나아가면 파도가 밀려오는 것처럼 우리를 향하신 하나님의 뜻이 밀려 들어오기 시작한다. 이것이 바로 비전이다. 감당할 수 없는 하나님의 은혜다. 이것은 믿음으로만 감당할 수 있다. 하나님이 주신 은혜와 하나님이 주신 축복은 믿음으로만 감당할 수 있다. 우리 생각으로는 감당이 되지 않는다.

셋째, 갇힌 자에게 자유를, 눈먼 자에게 다시 보게 함을, 귀머거리의 귀가 다시 열리게 하시는 것은 성령의 기름 부으심을 통해서 이루어진다.

주의 성령이 내게 임하셨으니 이는 가난한 자에게 복음을 전하게 하시려고 내게 기름을 부으시고 나를 보내사 포로된 자에게 자유를 눈먼 자에게 다시 보게 함을 전파하며 눌린 자를 자유케 하고 주의 은혜의 해를 전파하게 하려 하심이라 하였더라(눅 4:18~19).

그때에 소경의 눈이 밝을 것이며 귀머거리의 귀가 열릴 것이며 그때에 저는 자는 사슴같이 뛸 것이며 벙어리의 혀는 노래하리니 이는 광야에서 물이 솟겠고 사막에서 시내가 흐를 것임이라 뜨거운 사막이 변하여 못이 될 것이며 메마른 땅이 변하여 원천이 될 것이며 시랑의 눕던 곳에 풀과 갈대와 부들이 날 것이며 거기 대로가 있어 그 길을 거룩한 길이라 일컫는바 되리니 깨끗지 못한 자는 지나지 못하겠고 오직 구속함을 입은 자들을 위하여 있게 된 것이라 우매한 행인은 그 길을 범치 못할 것이며 거기는 사자가 없고 사나운 짐승이 그리로 올라가지 아니하므로 그것을 만나지 못하겠고 오직 구속함을 얻은 자만 그리로 행할 것이며 여호와의 속량함을 얻은 자들이 돌아오되 노래하며 시온에 이르러 그 머리 위에 영영한 희락을 띠고 기쁨과 즐거움을 얻으니 슬픔과 탄식이 달아나리로다(사 35:5~10).

악한 영에 포로되거나 마음에 묶인 것, 양심이 눌려 있는 것 등이 성령의 기름 부음을 통해 해결 받는다. 그리스도의 십자가의 보혈과 성령이 우리 안에서 오실 때 어떠한 영적인 상처도 치유된다. 그 영은 어떤 영인가? 살리는 영이요, 소성케 하는 영이요, 치유하는 영이다. 죽은 영혼을 살린 그 영이 능히 치유하시는 줄 믿기 바란다.

하나님은 여러분들에게 이 사역을 감당하게 하실 것이다.

이제까지 본 말씀을 가지고 기도하면 사람들의 마음을 보게 될 것이다. '이 사람은 주님이 인도하시는 어떤 마음의 그릇이다' 하는 것을 알게 된다.

말씀이 우리 마음속에 빛으로 비춰지기 시작하면 거울과 같은 그 말씀을 통해서 그 영혼들을 구체적으로 어떻게 치유해야 할 것인지 우리에게 가르쳐 주시는 줄 믿기 바란다.

하나님이 우리를 통해 역사하실 때 우리는 그 통로로서 쓰임받을 뿐이지 능력은 하나님에게서 나온다는 사실을 잊지 말아야 한다.

이 부분을 놓고 성령은 우리가 영적으로 성숙하기 위해 기도하면 우리가 어떤 교육을 받아야 하고, 어떤 부분이 자라야 하며, 어떤 부분이 변화 받아야 영적으로 흔들리지 않는지 알게 하신다. 하나님을 위해서 끝까지 승리하고 순교의 자리까지 간 사람들은 늘 거룩함을 유지했기 때문에 목숨이 끊어지는 순간까지도 주님을 찬양할 수 있었다는 사실을 기억하기 바란다.

제4장 내적 치유

감정이란?

감정의 역할

깨어신 마음 치유 하기

내적 상처가 생기는 원인

내적 치유, 이렇게 하라

치유를 위한 다섯 단계

제 4장
내적 치유

사람의 영, 혼, 육 가운데 혼을 지, 정, 의로 나눈다. 이것은 우리의 마음과 정신, 의지와도 관련이 있다. 내적 치유는 속사람 즉, 정신(Mind)과 마음(Heart), 의지(Will)와 관련된 모든 부분의 치유를 말한다. 먼저 내적 치유의 정의를 살펴보자.

데이비드 씨맨즈(David Seamands)는 "내적 치유란 상처받은 감정과 치유되지 못한 기억들을 목회적인 차원에서 돌보아 주고 그 치유를 위해 기도해 주는 것"이라고 말한다.

스캔란(Michael Scanlan)은 내적 치유를 다음과 같이 정의한다. "내적 치유란 속사람을 치유하는 것이다. 여기서 '속사람'이란 우리가 보통 정신, 의지, 또는 마음이라고 일컫는 지적, 의지적, 감정적 영역들을 뜻하며, 정서와 심리, 혼, 영과 관련된 영역들도 포함한다. 내적 치유는 흔히 육체적 치유라고 불리는 외적인 치유와는 구별되는 것이다.

데니스 베네트(Dennis Bennett)는 "내적 치유란 성령의 역사를 저해하고 있는 요인들을 치유하는 것이다. 또한 이와 함께 그것들을 우리의 심리적인 본성에서 제거해 버리는 일을 주님과 함께 협력하여 수행하는 것을 의미한다"고 말했다.

감정이란?

감정은 우리의 내면이나 외부세계에서 오는 자극에 대한 생각의 반응, 심리적인 반응이다. 어떤 괴로움을 크게 당한 지역은 그곳에 가고 싶지 않다. 마음에 좋지 않은 감정을 가져왔기 때문이다. 갑자기 큰소리를 들으면 두려움이 생기고 욕을 들으면 화가 나고 깊은 절망 가운데 있는 사람을 만나면 측은한 마음이 생기는 것이 감정이다. 외부의 자극에 의해 감정이 움직이고 몸이 움직이는 것이다. 그때 생각도 바뀌고 행동도 바뀐다.

감정의 반응은 감각 기관에 의해 신체적인 반응을 가져온다. 이를테면 화가 나면 신경이 곤두서고 근육이 긴장되며, 격앙되어 소리를 지른다. 신경이 곤두서면 입술이 바짝 마르고 손과 발에 땀이 흐른다.

감정(Emotion)은 라틴어 e-motus에서 유래되었다. 이것은 '움직이다'(move)의 뜻으로 movere에서 파생된 말이다. 사람은 무엇인가에 의해서 움직여지는데, 뒤에서 감정이 기쁜 쪽으로 의지가 움직이게 되어 있다. 그래서 육체의 소욕이 감정을 사로잡아 버리면 의지가 육체의 소욕을 따라가고, 성령의 소욕에 의해서 지배받으면 자꾸 하나님 쪽으로 가는 것이다.

그런데 감정이 상하면 교회 안에서 은혜를 받아도 교회 밖의 삶이 전혀 다르게 나타날 수 있다. 그렇다면 그 사람이 교회에서 예배를 잘 못 드린 것인가? 그렇지 않다. 은혜를 충만히 받았고 예배를 잘 드렸지만 믿음의 그릇인 마음이 상해서 깨져 있기 때문에 영적인 것이 소모되어 세상에 나가 빛을 비출 수 있는 힘이 없어진 것이다. 그러니까 죄악을 이기지 못해 끌려가고 교회에 와서 또 회개하는 것이다. 그래서 1년이 지나고 2년이 지나도 믿음이 자라지 못한다.

우리가 그리스도의 마음을 품기 위해서는 마음의 상처를 치유받아야 한다. 그런데 치유할 수 있는 능력이 우리에게는 없다. 이것은 성령님께서 역사하셔야만 가능하다. 성령의 기름 부으심을 통해서 치유를 방해하는 요소들이 무너지고 깨어져 그리스도의 마음이 우리의 마음과 생각과 의지와 감정을 지배하기 시작할 때 온전한 그리스도인이 된다. 그래서 신앙적으로 성숙했다는 것은 성령의 능력으로 우리의 감정이 지배받는 것을 말한다.

이러므로 나의 요통이 심하여 임산한 여인의 고통 같은 고통이 내게 임하였으므로 고통으로 인하여 듣지 못하며 놀라서 보지 못하도다 내 마음이 진동하며 두려움이 나를 놀래며 희망의 서광이 변하여 내게 떨림이 되도다(사 21:3~4).

외부에서 자극이 와서 고통이 심하면 누가 말해도 들리지 않는다. 보여줘도 기억조차 나지 않는다. 내면적인 것이 약하면 외부에서 오는 것에 의해서 지배를 받게 된다. 이런 사람을 감각적인 사람이라고 한다. 내적인 힘이 없으므로 외부에서 오는 힘에 의해서 자극을 받고 그것에 의해서 움직인다.

그런데 외부에서 오는 영향이 아무리 클지라도 내적인 힘이 있으면 외적인 것을 지배한다. 예수를 믿으면 우리 안에 성령이 계신다. 즉 하나님이 영으로 와 계신 것이다. 우주 만물을 창조하신 그분은 내 마음과 생각과 모든 것을 다 지배하고 역사하신다. 따라서 외적으로 오는 충격이나 외부에서 오는 자극을 하나님의 능력으로 능히 조절할 수 있다.

그러므로 우리가 세계를 정복할 수 있는 것은 표어를 내걸고 캐치프레이즈를 내건다고 해서 되는 것이 아니라 내 속에 계신 그분이 내 안에서 역사하셔야 가능하다. 그래야 외적인 것을 지배하고 정복할 수 있다. 자극이 올 때 그분의 역사가 내 안에서 더 충만히 일어날 수 있도록 순종하고 나가면 전능자의 능력이 우리 가운데서 임하셔서 환경까지 변화받는 역사가 일어나는 것이다.

문제는 내 안에 있다. 상대를 이길 힘이 없기 때문이다. 주변에 있는 나라가 아무리 강대하더라도 능히 이길 힘이 있으면 우리는 안정된 것이다. 그러나 우리가 약할 때 주변 강대국들이 무기를 생산하거나 핵이 있다고 하면 두려워 떠는 것이다. 우리가 그것보다 더 최신 장비를 가지고 있으면 아무 문제가 되지 않는다. 오히려 그들이 두려워 떤다. 마찬가지이다. 전능자가 우리 안에 계신다는 것을 기억하라.

감각은 아픔, 졸음, 배고픔, 피곤함 등 몸의 상태를 말해 주는 신체적인 반응을 말한다. 모든 감각이 감정은 아니다.

지각, 감정을 움직이는 변수

첫째, 지각은 감정적인 반응을 나타내는 데 중요한 역할을 한다.

둘째, 어떤 상황에 대한 인식이 다르면 감정상의 반응도 다르기 마련이다. 즉 지각을 어떻게 사용하느냐에 따라 달라지는 것이다.

예를 들어, 수영하러 물에 들어간 사람과 장마 때 물에 떠내려가는 것은 느낌이 전혀 다르다. 눈 덮인 산에서 스키를 타는 사람과 눈 덮인 산에서 길을 잃고 헤매는 사람이 느끼는 감정은 전혀 다르다. 과거의 경험과 동일한 상황을 만나거나 생각만 해도 그때의 그 감정을 그대로 느끼게 된다. 또한 교통사고를 크게 당한 사람이 있어 그때 큰 충격을 받았다면 나중에 자신이 탄 차가 아닌 다른 차에서 갑자기 브레이크를 밟는 소리를 들어도 사고 날 때의 감정이 다시 되살아난다.

비난받거나 마음의 상처가 있는 사람은 자신이 상처받은 비슷한 상황을 보면 끔찍한 생각이 든다. 매를 많이 맞아 본 사람은 남이 매 맞는 것을 보기만 해도 그 사람이 느끼는 감정을 자신이 느끼게 된다. 어떤 때는 생각만 해도 그런 감정이 온다. 가만히 있을 때 과거에 아팠던 상황, 괴로웠던 상황이 가끔 스쳐 지나갈 때가 있다.

그리고 어떤 사람과 좋지 않은 문제들이 많이 있었다면 그 사람을 보면 그때 상황이 생각난다. 우연히 몇 년만에 만났는데도 그 사람을 보면 가슴이 뛰고 맥박 수가 증가하게 된다. 그런 상황에서 함께 했던 사람이나 그런 상황을 만들어냈던 사람을 보게 되면 반응이 나타나는 것이다. 그래서 어떤 사람으로 인해 감정이 상하면 그 사람이 아무리 좋은 사람이라고 해도 좋게 보지 못한다.

이것이 주기적으로 반복될 때 신체의 정상적인 기능이 파괴되기 시작한다. 건강할 때 운동을 해서 기분이 좋은 상태로 혈압이 높아지고 맥박수가 증가하게 되는 것이 아니라 나쁜 감정에 의해서 그렇게 되면 나중에 질병으로 연결되기 쉽다.

지금 우리 나라에는 너무 열심히 일하다가 30대 후반, 40대에 어느 날 갑자기 세상을 떠났다는 이들의 소식을 종종 듣게 된다. 그것은 이런 감정으로 인한 마음의 상처들이 누적되어 어느 날 심장마비나 암과 같은 질병으로 나타나는 것이다. 이처럼 외적으로 나타나는 질병보다 마음의 질병이 더 심각하다. 이런 것은 우리를 끊임없이 두렵게 하고 어려움을 준다. 이것은 우리가 치유 받아야 할 부분들이다.

우리가 일본 사람에 대한 감정도 마찬가지다. 독도 문제만 나오면 서로 감정이 대립되는데, 감정이 상한 곳에 복음이 전해질 수 없다. 따라서 일본 선교를 하려면 먼저 이를 위해 기도를 충분히 하고 감정이 회복된 상태에서 선교해야 한다.

셋째, 사람들이 조그마한 일을 가지고 다툴 경우 과거에 있었던 섭섭함이나 그때의 감정이 되살아나서 악화되는 모습을 보게 된다. 작은 일로 싸우다가도 예전 일까지 다 들추는 경우가 많다. 마음에 상처가 많기 때문에 그런 것이다. 예수 믿는 사람은 이제 미래를 향해 나아가자고 말할 수 있지만, 마음의 상처가 많은 사람들은 과거에 모든 것을 묶어 버리기 때문에 미래를 향해 나아갈 수가 없다.

넷째, 어려운 환경에서도 모든 지각에 뛰어난 하나님의 평강이 임하면 어떤 환경에서도 하나님 방법으로 인도 받아 승리할 수 있다.

> 아무것도 염려하지 말고 오직 모든 일에 기도와 간구로, 너희 구할 것을 감사함으로 하나님께 아뢰라 그리하면 모든 지각에 뛰어난 하나님의 평강이 그리스도 예수 안에서 너희 마음과 생각을 지키시리라 종말로 형제들아 무엇에든지 참되며 무엇에든지 경건하며 무엇에든지 옳으며 무엇에든지 정결하며 무엇에든지 사랑할 만하며 무엇에든지 칭찬할 만하며 무슨 덕이 있든지 무슨 기림이 있든지 이것들을 생각하라 너희는 내게 배우고 받고 듣고 본 바를 행하라 그리하면 평강의 하나님이 너희와 함께 계시리라(빌 4:6~9).

다섯째, 그리스도 안에서 같은 마음을 가질 때 마음이 평안해진다. 마음이 엇갈리면 평강이 없다. 하나님과 나 사이, 나와 나 자신, 나와 타인의 관계로 나눌 수 있는데, 나와 나 자신의 관계가 좋지 않은 사람들이 있다. 자기를 비관하고 내 인생은 왜 이런가 하고 자기 성격에 못 이겨서 분을 내는 사람들이 있다. 이런 사람들은 자기 자신과 화목하지 못한 사람이요, 하나가 되지 못한 사람이다. 이 사람에게는 행복이 없고 매사에 불평 불만을 한다.

그래서 이 사람은 일이 잘 되어도 문제, 잘 안 되어도 문제다. 이런 사람들이 회사에 들어오면 그 회사를 망하게 한다. 그리고 이런 사람들이 교회에 와서 완전히 치유 받지 못하면 늘 문제를 일으킨다. 이런 사람들은 물질이 많아도 문제이다. 자기 자신과 불화한 사람들은 하나님을 믿을 수가 없다. 자기 자신과 단절되면 하나님과 단절된 상태가 된다. 교회에 나온다고 다 해결되는 것이 아니다. 오늘은 구원받은 것 같은데 내일은 구원받지 못한 것 같은 사람들이 있다.

이런 사람들은 자신과 화목하지 못한 사람들이다. 자신과 화목한 사람은 콧노래를 부르며 행복하지만, 자신과 화목하지 못한 사람은 행복하지 않다. 행복한 사람은 줄 것이 행복 밖에 없기 때문에 다른 사람에게 행복을 주지만, 불행한 사람은 다른 사람까지 불행하게 만든다. 축복 받은 사람은 다른 사람에게 축복을 주지만, 저주받은 사람은 줄 것이 저주밖에 없기 때문에 저주하는 것이다.

따라서 나 자신과 화목하지 못하면 타인과 화목하지 못하는 것은 당연하다. 그러나 이것을 해결할 길이 있는데 그것은 내가 하나님을 믿고 하나님과 먼저 화목하는 것이다. 하나님과 화목하게 되어서 살아가는 모습은 바로 성령을 좇아 행하는 것이다.

하나님과 화목하고 나면 하나님께서 나를 어떤 사람으로 지으셨는지 알게 된다. 이 세상에 나와 같은 사람은 단 한 사람밖에 없도록 지으셨다. 나를 위해서 독생자 예수 그리스도를 이 땅에 보내 주셨고 하나님의 자녀로 삼으셨다. 나는 하나님이 보실 때 의로운 자요, 이 세상에서 단 하나밖에 없는 그분의 작품이다. 그러므로 나 자신이 먼저 나를 귀하게 여겨야 한다.

또 이웃을 내 몸과 같이 사랑하라고 하셨다. 왜 그런가? 사람은 자신을 사랑하는 것 이상으로 남을 사랑할 수 없기 때문이다. 자신을 사랑하지 않는 사람은 헌신하지 않고 희생하지 않는 사람을 말하는 것이 아니라 자기 자신이 어떤 사람이지 모르고 파괴적으로 사는 사람을 말한다. 예수님을 믿으면서도 이렇게 사는 이들이 있다. 내적인 상처가 많은 사람들로 치유받아야 한다. 나 자신과 화목하면 혼자 있어도 좋고 다른 사람들과 있어도 편안하다.

이 글을 읽으면서 여러분에게 해당되는 것이 있다면 이 시간에 그 문제를 해결해 주실 것을 기도하면서 읽기 바란다. 남을 고치려고 힘쓰지 말고 먼저 나 자신이 치유받아야 한다. 그리고 나서 내가 다른 영혼들을 위해서 기도할 때 치유받는 역사가 일어나는 줄 믿기 바란다.

나와 타인이 화목하게 되면 물질은 사람을 통해서 움직이므로 나중에는 나와 물질과도 화목하게 된다. 그러므로 물질이나 사람을 붙들려고 하지 말고 먼저 하나님과 화목하기를 힘써야 한다.

그런데 지금 세상 사람들은 거꾸로 살고 있다. 물질을 얻기 위해 인간관계를 파괴하고 나 자신과의 관계, 하나님과의 관계도 다 파괴한다. 그러니까 물질을 얻고 명예를 얻어도 문제가 된다.

> 마지막으로 말하노니 형제들아 기뻐하라 온전케 되며 위로를 받으며 마음을 같이 하며 평안할지어다 또 사랑과 평강의 하나님이 너희와 함께 계시리라 거룩하게 입맞춤으로 서로 문안하라(고후 13:11).

우리가 그리스도 안에서 같은 마음을 가질 때 평안해진다. 이것은 그리스도의 사랑 안에서 하나로 묶여질 때 가능하다. 그래서 교회는 죄를 용납하지는 않지만, 과거에 어떠한 죄가 있든지 하나님께 죄사함 받도록 해서 다시는 과거에 묶이지 아니하고 영원한 소망 가운데 뛰어갈 수 있도록 만들어 주어야 한다.

여섯째, 생명을 사랑하고 선을 행하고 화평을 구하며 좋은 날 보기를 원하는 사람은 혀를 금하여 악한 말을 그치며 입술로 궤휼을 말하지 말고 악에서 떠나야 한다(벧전 3:10~11).

마음의 상처가 많은 사람들은 화평을 구하지 않고 화평을 깨뜨린다. 좋은 날 보기를 원하지 않는다. 악한 말을 하고 날카로운 말만 한다. 예수 믿는 사람들은 악한 말을 하고 입술로 궤휼을 말하는 사람들이 우리에게 영향을 주지 못하도록 차단시켜야 한다. 그리고 오히려 그들이 변화 받아서 그런 입술이 바뀌도록 기도해야 한다.

감정의 역할

첫째, 많은 사람들이 육체적인 질병보다는 마음의 상처나 감정 문제로 고통받고 있다. 육체적인 질병의 많은 원인이 영적인 장애나 마음의 상처 때문에 일어난다.

마음의 즐거움은 양약이라도 심령의 근심은 뼈로 마르게하느니라 (잠 17:22).

여성들은 40대 후반이 지나면 관절염 같은 뼈의 통증으로 고생하는 분들이 많다. 특별한 사고로 인해 생긴 통증이 아닌 경우 부부 싸움을 많이 하거나 마음에 상처를 받은 사람에게 이런 증상이 생기는 경우가 종종 있다. 늘 부부 싸움하고 다투는 사람들은 서로에게 병을 주고 있는 것이다. 나중에 나이가 들면 큰 문제가 된다.

그래서 우리는 마음을 상하게 하는 사람들에게 영향을 받지 않도록 노력하면서 그것을 이길 힘을 달라고 하나님께 기도해야 한다. 그렇게 기도할 때 내 안에 계신 성령님이 역사하실 것이다.

둘째, 사람들은 신체적인 아픔보다 마음(감정)의 상처를 입었을 때 더 고통스러워한다. 외적으로 나타나지 않기 때문에 더 심각하다. 서로 상처를 주고 마음을 아프게 하는 부분들이 다 뼈와 연결이 되어 있다.

피는 뼈에서 생성된다. 그런데 뼈가 말라 버리면 신체 기능 자체가 제대로 움직이지 않게 된다.

> 어진 여인은 그 지아비의 면류관이나 욕을 끼치는 여인은 그 지아비로 뼈가 썩음 같게 하느니라(잠 12:4).

> 마음의 화평은 육신의 생명이나 시기는 뼈의 썩음이니라(잠 14:30).

> 눈의 밝은 것은 마음을 기쁘게 하고 좋은 기별은 뼈를 윤택하게 하느니라(잠 15:30).

셋째, 외부적인 영향으로 일어나는 감정의 반응은 정신적이든 신체적이든 성장 과정에서 반드시 필요하다. 어느 정도는 육체적으로 힘들고 고달픔을 느끼면서 극복하는 것이 건강에 필요한 것처럼 감정에서도 어느 정도 스트레스나 압박은 필요하다. 오히려 성장할 수 있는 좋은 기회가 된다. 고난도 때로는 유익이 되는 것이다.

어려움이 전혀 없으면 어려운 것이 뭔지 모른다. 그래서 약간의 어려움은 필요하다. 그래야 편안한 것이 무엇인지 알 수 있기 때문이다. 계속 편안하기만 하면 정말 편안한 것이 무엇인지 모른다. 그러면 감사할 줄 모르고 거기서 안주해 버린다. 때문에 약간의 도전과 어려움이 필요하다. 큰 어려움과 도전도 때에 따라서는 유익이 될 수 있다. 이것은 크게 도약할 수 있는 기회가 될 수 있기 때문이다. 걸림돌이 반드시 나쁜 것은 아니다. 걸림돌을 디딤돌 삼아 뛸 수 있는 믿음과 지혜가 있으면 된다.

나도 극심한 어려움을 겪은 적이 있었다. 나는 그때 입술을 관리했다. 절대로 비판적인 이야기나 비관적인 이야기를 하지 않았다. 부정적인 이야기를 하지 않았다. 좋은 날 보기를 원했기 때문에 혀를 금했다. 궤휼을 말하지 않았다. 그리고 어려움을 주는 사람에 대해서 불평하지 않았다. 그랬더니 하나님께서 치유해 주시고 좋은 날을 볼 수 있게 해 주셨다.

불쾌하다고 상처를 받는 것은 아니다. 좌절과 슬픔, 외로움, 배척, 두려움 속에서 주님을 바라볼 때 전인적인 성장의 발판이 될 수 있다. 지금 당신은 외로운가? 배척을 받는가? 오히려 주님을 더 바라보라. 두렵기 때문에 주님을 너 의지할 수 있다.

너무 좋은 환경에서만 살게 되면 행복이 무엇인지 모른다. 그 결과 세상의 정욕을 좇다가 마귀에게 마음이 빼앗길 수 있다. 우리에게 어느 정도의 도전이 있어야 발전이 있다. 상처받지 말고 이를 도약의 기회로 삼아야 한다. 세계에서 자살율이 제일 높은 곳은 가난한 나라가 아니라 선진국들이고 국민 소득이 높은 나라들이다. 자살하는 것은 환경의 문제가 아니다.

우리의 마음은 무언가로 채워져야 한다. 만약 하나님께 마음을 쏟지 못하면 사람, 술, 마약 등 향락에 마음을 쏟아 탈선하게 된다.

중심에 진실함을 주께서 원하시오니 내 속에 지혜를 알게 하시리이다 우슬초로 나를 정결케 하소서 내가 정하리이다 나를 씻기소서 내가 눈보다 희리이다 나로 즐겁고 기쁜 소리를 듣게 하사 주께서 꺾으신 뼈로 즐거워하게 하소서 주의 얼굴을 내 죄에서 돌이키시고 내 모든 죄악을 도말하소서 하나님이여 내 속에 정한 마음을 창조하시고 내 안에 정직한 영을 새롭게 하소서 나를 주 앞에서 쫓아내지 마시며 주의 성신을 내게서 거두지 마소서(시 51:6~11).

깨어진 마음 치유하기

외적인 상처와는 달리 마음의 상처는 파악하기가 어렵다. 마음의 상처는 금방 볼 수 없지만, 행위나 말, 태도를 통해 나타난다.

첫째, 좌절되었을 때 느끼는 감정은 다른 사람을 대할 때도 불쾌하게 나타난다. 그래서 이런 사람은 다른 사람을 만나면 불쾌하게 만든다. 그리고 이 사람들에게서는 늘 부정적이고 불평하는 이야기가 나온다. 마음의 상처는 신체가 손상되었을 때처럼 극심한 통증을 준다.

내게 굽히사 응답하소서 내가 근심으로 편치 못하여 탄식하오니 이는 원수의 소리와 악인의 압제의 연고라 저희가 죄악으로 내게 더하며 노하여 나를 핍박하나이다 내 마음이 내 속에서 심히 아파하며 사망의 위험이 내게 미쳤도다 두려움과 떨림이 내게 이르고 황공함이 나를 덮었도다(시 55:2~5).

둘째, 감정이 억압되어 부자연스럽게 보일 정도로 과묵하고 냉정하며 무감각한 사람이 있다. 언젠가 "나는 죽어도 다른 사람들 앞에서 눈물을 보이지 않으리라"는 각오를 가지고 사는 사람을 본 적이 있다. 그 사람은 아무리 우스운 장면이 있어도 절대로 웃지 않는다. 자기가 웃으면 다른 사람들이 자기를 실없는 사람으로 볼 것이라고 생각하기 때문이다.

이 사람은 부모가 일찍 세상을 떠나 많은 어려움을 겪으면서 자신의 감정을 얼마나 억압하면서 살았는지 울거나 웃어본 기억이 거의 없었다. 그러나 집회에 참석해서 그런 상처들이 치유되자 마음이 편해지고 자신도 모르게 눈물을 흘리는 것을 보았다.

저희가 감각 없는 자 되어 자신을 방탕에 방임하여 모든 더러운 것을 욕심으로 행하되(엡 4:19).

내가 그들에게 일치한 마음을 주고 그 속에 새 신을 주며 그 몸에서 굳은 마음을 제하고 부드러운 마음을 주어서 내 율례를 좇으며 내 규례를 지켜 행하게 하리니 그들은 내 백성이 되고 나는 그들의 하나님이 되리라(겔 11:19~20).

일치한 마음을 주고 새 신을 준다는 것은 성령을 주어 치유하시겠다는 말씀이다. 성령이 우리 안에 들어오시면 부드럽고 온유한 마음이 되고 겸손한 마음이 된다.

셋째, 특별한 상황이 아닌데도 감정이 격하게 나타날 경우가 있다. 공포에 질린 사람은 대수롭지 않은 상황인데도 자기도 모르게 두려워하거나 불안해한다. 교통사고를 크게 당하고 난 뒤 두려워서 운전을 잘 못하는 사람이 집회에 오게 되었다. 그날도 운전하기 싫은 것을 억지로 차를 몰고 왔다고 했다. 그런 사람들은 마음의 상처 때문에 항상 차만 타면 사고 장면이 떠올라서 두려워하고 또 사고가 날 것 같은 불안한 마음을 갖게 된다.

두려운 마음은 우리가 결심한다고 해서 없어지는 것이 아니다. 성령께서 우리 안에서 치유해 주셔야 한다. 그분은 기도 가운데 깨끗이 해결 받고 집에 갈 때는 찬양하면서 운전하고 갈 수 있었다. 여러분 주변에도 그런 사람들이 있을 것이다. 여러분을 통해서 치유 받을 수 있기를 바란다.

> 저희가 두려움이 없는 곳에서 크게 두려워하였으니 너를 대하여 진 친 저희의 뼈를 하나님이 흩으심이라 하나님이 저희를 버리신고로 네가 저희로 수치를 당케 하였도다(시 53:5).

두려움이 없는 곳에서 크게 두려워하였다는 것은 과거의 상처 때문에 크게 겁먹고 질려 있는 것을 말한다. 싸울 때 양쪽이 다 격한 감정이 올라가는 것은 양쪽 다 상처가 있고 치유가 안 되었기 때문이다. 싸움을 걸어와도 상대 안하면 그 사람이 지쳐 버린다. 싸움은 양쪽이 비슷하므로 싸우는 것이다. 주님 안에서 성숙한 부분이 일치되면 서로 사랑하고 도와 주는데, 상처 받은 상황이 비슷하면 서로 긁기 때문에 만신창이가 된다.

우리가 일생을 살면서 두려운 상황들과 어려운 상황들을 많이 경험하게 된다. 그렇지만 그것과 관련된 것들을 다시 듣는다고 할지라도 '과거에 내게 그런 것들이 있었구나' 하면서 그냥 지나칠 정도가 되어야 한다. 그때마다 섬뜩해 한다면 문제가 된다.

그런데 우상을 섬기는 사람들의 특징은 섬뜩하게 만들고 공포를 주어서 그 사람에게 안 오면 안 되도록 만든다. 그러나 예수님은 그렇지 않다. 치료해 주셔서 감사함으로 사랑함으로 주 앞에 올 수 있도록 만들어 주신다. 교회에 나오는 것도 '안 나오면 안 된다'고 공포를 주어서 나오게 하기보다 나를 구원하셔서 치유해 주시고 축복해 주신 그 하나님께 감사해서 나올 수 있어야 한다. 마음의 상처가 치유되면 그런 마음이 생기기 시작한다.

> 사랑 안에 두려움이 없고 온전한 사랑이 두려움을 내어쫓나니 두려움에는 형벌이 있음이라 두려워하는 자는 사랑 안에서 온전히 이루지 못하였느니라(요일 4:18).

두려워하는 자는 형벌이 있다고 했다. 그것을 내어쫓는 방법은 사랑이다. 그래서 어떤 사람이 멀리 떨어져 있을 때 '그 사람은 지금 어떻게 지낼까, 그 사람은 잘 지내고 있을까' 하고 걱정하지 말고 사랑으로 기도하면 어려운 상황 속에서도 축복의 상황으로, 하나님이 인도하시는 상황으로 변화될 줄 믿기 바란다.

두려운 마음을 가지고 기도해서는 안 된다. 두려워하는 자는 하나님을 믿지 못하기 때문에 두려워하는 것이다. 하나님을 믿으면 마음의 평강이 온다.

교회나 가정, 사회나 국가도 마찬가지다. 앞으로 지도자를 뽑을 때 마음의 상처를 치유받은 지도자를 뽑을 수 있기를 간구해야 한다. 상처가 있는 사람은 남에게 상처를 주지만, 건강한 사람은 꿈과 비전을 주기 때문이다. 하나님께서 주신 잠재능력을 쓸 수 있는 비결은 여기에서 출발한다.

넷째, 극단적으로 자기 중심적인 사람은 모든 사람이 다 자기에게 집중하기를 바라고 자기 비위에 맞춰줄 때 행복을 느낀다. 반대로 다른 사람에 대해 극도로 예민해져서 언제나 싫은 소리를 듣지 않으려고 하기 때문에 부탁을 받거나 어떤 요구가 있으면 거절하지 못한다. 마땅히 들어야 될 충고를 듣지 못하는 사람은 성장하지 못한다.

자신이 할 일이 많은데도 다른 사람에게 어떤 요청을 받으면 거절하지 못하는 사람이 있다. 그래서 그것 때문에 고민한다. 할 일을 제대로 못하는 이런 사람들은 자기 중심적이기 때문에 그렇다. 그들은 온갖 일은 다 맡아하면서 혼자 이리 뛰고 저리 뛰지만 아무 열매 없이 지쳐 있다. 예수 믿는 사람 중에도 그런 이들이 있다.

이런 사람은 사랑과 애정을 주고 받는 데 문제가 있으며, 진정한 친구관계를 맺는 데 어려움이 있다. 극단적으로 자기 중심적인 사람은 친구가 없다. 자기와 마음을 터놓고 지내는 사람이 없다. 자기 자신과 문제가 있기 때문이다. 하나님과도 문제가 있고 다른 사람과도 문제가 있다. 그래서 폐쇄적인 삶을 산다. 불행한 삶을 산다. 스스로 자기 마음의 감옥을 만들어서 갇혀 사는 사람이다.

다섯째, 대인 관계에서 억압적이고 배타적인 태도를 가지고 있거나 반대로 지극히 의존적인 태도를 갖고 있을 때 문제가 발생한다. 어떤 사람을 지나치게 억압하는 사람은 자기보다 나은 사람에게 지나치게 굽신거린다. 또 사람을 만나면 의심부터 하는 사람이 있다. 그 사람은 대인관계에서 100퍼센트 실패하게 되어 있다. 누구도 그 사람을 좋아하지 않을 것이다.

예를 들면, 어떤 사람이 사업하다가 사기를 당했다. 두 번 정도 당하고 나면 그 다음부터는 전부 도둑으로 보이는 것이다. 자기를 도와줄 사람이 왔는데도 도둑이라고 생각하므로 누구도 그 사람을 좋아할 수가 없다. 이것이 마음의 상처로 남아 있기 때문이다. 이런 부분이 다 치유되어야 한다.

그래서 사업에 많이 실패하고 사기당한 것이 많은 데도 일어나는 사람은 그 일에 대해서 마음에 상처가 없기 때문에 일어날 수 있는 것이다. 목회를 하거나 사역을 하면서도 상처가 있을 수 있다. 그렇지만 "어떤 종류의 사람은 꼭 이럴 것이다" 하고 자기가 틀을 만들어 놓으면 더 좋은 사람이 와도 실패하게 된다. 그래서 그 사람을 싫어하게 되고 다 떠나 버린다. 그래서 이 틀을 깨뜨려야 한다.

깨뜨리는 길은 무엇인가? 원수 되었던 사람을 다시 끌어안고 사랑으로 품는 수밖에 없다. 그리고 나면 그 비슷한 사람이 들어올 때 그 사람들을 다 변화시킬 수 있는 역사가 일어난다. 그런데 만약 그 사람을 무시해버리면 그런 부류의 사람은 그 교회에 발도 못 붙이고 떠나게 되고 교회는 커질 수가 없다. 그런 사람 하나를 끌어안으면 폭발적인 부흥의 역사가 일어난다.

여섯째, 열등감의 문제이다. 열등감이 있는 사람들은 다른 사람에 대해 아주 비판적인 태도를 갖거나 부끄러움을 잘 타든가 언제나 자기를 내세우려 한다. 또 욕심을 부려 인정받으려 한다든지 실패하는 것을 지나치게 두려워하는 태도들이 복합적으로 나타난다. 열등감이 있는 사람은 인정 받으려 하기 때문에 생색나지 않는 일은 하지 않는다. 꼭 알아주고 박수 갈채를 받은 것을 하려고 한다. 또한 이런 사람은 지나치게 비판적이고 일이 안 되는 쪽으로 자꾸 생각하기 때문에 큰 일을 못한다.

열등감 때문에 자기를 내세우는 사람을 우리가 교만하다고 잘못 알 수 있는데 이것은 교만한 것과 다르다. 분별해야 한다. 교회 안에는 교만한 사람이 많겠는가, 아니면 열등감을 해소하기 위해 자기를 알아주기를 원하는 사람이 많겠는가?

　열등감에서 벗어나기 위해 자기를 알아주기를 원하는 사람들이 교회에 더 많은 것 같다. 그 사람은 교만해서가 아니다. 사람들은 영 분별을 하지 못하므로 교만하다고 생각하지만 교만한 사람은 벌써 악한 영이 역사하고 있는 반면에 열등감이 있는 사람은 지금까지는 밟히고 자기 인생이 형편없어서 누구라도 좀 알아주기를 원하는데 세상에서는 어깨를 펴고 나갈 수 있는 힘이 없어서 교회에 와서라도 무언가 해서 남들이 자기를 알아주기 원하는 것이다. 이것은 교만이 아니라 열등감이다. 그 사람은 교만할 힘도 없다. 열등감이 있는 사람이 어떻게 교만할 수 있겠는가?

　그 사람에게 필요한 것은 무엇인가? 자꾸 칭찬만 해주어도 띄워주어서는 안 된다. 그 사람은 열등감에 사로잡혀 있는 환자다. 마음의 상처를 치유 받아야 한다. 이 사람의 열등감을 해소시켜 주는 길은 자신이 갖고 있는 하나님의 자녀라는 신분이 어떤 것인지 가르쳐 주고 하나님과 올바른 관계를 맺도록 해주면 된다.

일곱째, 삶에 대해 비관한다.

　부정적인 말과 태도 : 긍정적인 사람이 모두 믿음의 사람은 아니지만, 믿음의 사람은 긍정적이다. 예수 믿는 사람은 부정적인 상황에 처했을 때 하나님의 지혜와 하나님이 주신 믿음과 능력을 가지고 창조적인 환경으로 변화시켜야 한다. 하나님께서 주신 것이 바로 그것이다.

　망한 사람을 다시 회복시켜서 소망을 붙들고 일어설 수 있게 만드는 것은 바로 예수 믿는 사람들이 할 일이다. 이것은 치유받은 사람들이 할 수 있는 것이다. 우리가 여기까지 이르면 세상에서 그렇게 짓밟히고, 고통받고, 망하고 가슴 아파하던 사람들이 교회에 와서 치료받고 소망 없던 사람들이 소망을 붙들고 다시 일어나게 된다.

교회에 와서 행복하고 소망이 있고 하나님의 능력이 있다면 왜 교회에 오지 않겠는가? 우리는 교회에 올 때마다 찬양과 기도, 말씀을 통해서 인생이 변화받는 역사가 일어나야 한다. 그렇게 된다면 그 교회를 왜 사모하지 않겠는가? 오늘날 교회가 감당해야 할 사명은 무엇인가? 교회 건물을 크게 짓는 것인가? 아니다. 영혼을 변화시켜서 하나님의 백성으로 만들고 21세기를 움직이는 능력의 사람들로 만드는 것이다.

우울한 성격 : 우울증에 빠지면 무엇을 해도 기쁨이 없다. 찬양을 해도 기쁨이 없고 말씀을 들어도 기쁨이 없고 기도를 해도 기쁨이 없다. 교회에 올 때와 예배드리고 갈 때가 똑같아서는 안 된다. 교회에서 그 영혼의 치유를 받아야 한다.

우리 나라 사람은 8~10퍼센트가 우울증 증세가 있다고 한다. 영국은 구름 낀 날이 많지만 인사가 늘 굿모닝이다. 환경을 정복한 사람들이다. 모두 다 그렇다고 할 수는 없지만 주님의 일을 해도 기쁨이 없다고 하는 사람은 일단 자기 자신의 우울증을 체크해 볼 필요가 있다. 하나님 앞에서 기쁨이 없다면 세상 어디에 가서도 그 기쁨을 발견할 수가 없다.

강팍한 태도 : 우울증에 걸리고 나면 강팍해진다. 강팍한 태도는 다

른 사람의 의견을 받아들이지 않는 것이다. 우울증에 걸렸을 때는 힘들어 하면서도 교회에 오고 예배도 참석하지만 강퍅해지면 교회에 와도 말씀을 받지 않는다. 예배 시간에 딴 생각을 한다. 그래서 강퍅해지기 전에 관리를 잘 해주어야 한다. 그때 그들이 변화된다.

자살 : 강퍅한 것이 지나치면 자살에까지 이르게 된다. 자살하는 사람들이 어느 날 갑자기 그렇게 되는 것이 아니라 이런 과정을 통해서 그렇게 되는 것이다. 그러므로 부정적인 이야기를 너무 많이 하는 사람은 위험한 사람이다.

여덟째, 분명치 못하고 결단성이 없으며 우유부단하다. 사람들은 일반적으로 결단성이 없고 우유부단한 사람, 분명치 못한 사람을 좋은 사람으로 생각하는데 하나님은 그렇지 않다. 베드로를 보라. 얼마나 과격한가? 그렇지만 그는 예수님의 수제자였다. 베드로는 예수님한테 야단도 많이 맞고 '사탄아 내 뒤로 물러가라' 는 말까지 들었지만 수제자다. 베드로는 결단성이 있고 우유부단하지 않았기 때문에 예수님의 사랑을 받았다. 그는 비록 무식한 어부였지만 결단성이 있었다. 우유부단하지 않았다. 우유부단한 사람은 예수님도 우유부단하게 믿어서 믿는 것 같기도 하고 안 믿는 것 같기도 해서 어떻게 보면 천국 갈 사람 같고 어떻게 보면 천국과는 전혀 상관없는 사람 같기도 하다.

아홉째, 산만하고 생활이 무질서하다. 이런 사람은 생활에 질서가 없다. 비전이 없고 목표가 없기 때문이다. 목적 없는 삶은 질서없는 삶이요, 방황하는 삶이다. 우리가 지저분하고 무질서한 것은 환경의 문제가 아니라 마음의 문제이다. 마음이 무질서하고 흐트러져 있기 때문에 환경이 흐트러져도 그런 줄 모르는 것이다. 그렇지만 마음이 잘 정돈되어 있으면 환경도 같이 정돈될 것이다.

열째, 의심이 많고 구원의 확신이 없다. 이런 사람은 매사을 의심하기 때문에 하나님도 의심하고 하나님 말씀도 의심한다. 사람에 대해서도 의심한다. 이런 사람은 부정적인 면으로 상상력이 풍부해서 '아마 저 사람은 저렇게 생각할 거야' 하면서 부정적으로 생각한다. 상대방은 전혀 그런 마음이 없는데 '그럴 것이다'라고 해서 덮어 씌우고 쓸데없는 소문을 퍼뜨린다. 이런 것 때문에 아파하고 고통당하는 사람들이 있다.

내적 상처가 생기는 원인

첫째, 충격으로 인한 상처다. '상처'는 헬라어로 'trauma'라고 한다. 이것은 사별이나 결혼의 실패, 사업의 실패, 사고, 지위나 명성을 잃었을 때, 건강을 상실했을 때 생긴다.

> 가까이 가서 기름과 포도주를 그 상처에 붓고 싸매고 자기 짐승에 태워 주막으로 데리고 가서 돌보아 주고(눅 10:34).

여기에 보면 여리고로 내려가던 사람이 강도를 만나서 매를 맞고 돈도 다 빼앗기고 피투성이가 되었다. 그러다가 사마리아 사람을 만났다. 그가 기름과 포도주를 상처에 붓고 싸매고 자기 짐승에 태워 주막으로 데리고 가서 돌보아 주었다고 한다. 여기에 나타난 상처는 충격으로 인한 상처이다.

둘째, 오랫 동안 스트레스를 받는 부정적 환경에 있을 때다. 부정적인 환경이라는 것은 잦은 불화가 있는 가정이나 사회를 말한다. 서로 비난하고 싸우는 사회에서 살면 거기에 있는 사람들은 상처를 받는다. 갈비를 먹지 않아도 갈비 집에 가서 10분 동안 앉아 있다 오면 옷에 냄새가 배는 것과 같다. 잦은 불화가 있는 분위기 속에 있기만 해도 상처를 받는다.

서로 헐뜯고 비난하는 사회에 사는 사람들은 모든 것을 그런 것과 연관시킨다. 그래서 사회가 갈수록 더 어려워지는 것이다.

가정에서도 마찬가지다. 가정에 불화가 잦으면 자녀들이 상처를 많이 받는다. 그 자녀들이 성장하면 그 상처가 그대로 나타난다. 그래서 좋은 학교를 나와서 좋은 위치에 있어도 그 위치를 통해 사람들을 섬기는 것이 아니라 더 많은 사람들에게 상처를 준다.

우리 주변에 보면 상처 때문에 고통받는 사람들이 너무 많다. 날마다 심한 잔소리를 듣는 것도 상처가 된다. 그런데 어떻게 보면 잔소리를 듣는 사람보다 잔소리를 하는 사람이 상처가 더 많은 것 같다. 의심하는 사람 때문에 고통받는 사람도 상처를 입지만 의심하는 사람은 더 많은 상처를 가지고 있다. 육체의 상처는 한번 치료받으면 해결되지만 마음의 상처는 세상 방법으로는 치유되지 않는다. 하나님께로 와야 치유가 된다.

엄한 권위 밑에서 무섭게 양육 받거나 조금만 잘못해도 맞고 자란 아이들은 나중에 예수를 믿어도 문제가 심각하다. 큰 사람이 되지 못한다. 만약에 그 사람이 크게 된다면 폭군이나 독재자가 되거나 그렇지 않으면 그 사람은 망한다. 극과 극이다.

매를 많이 맞고 자란 사람은 하나님께서 환경을 휘몰아 치셔서 고통스럽게 하면 나오지만, 조금 편해지면 말을 듣지 않는다. 자기 맘대로 산다. 그러다가 다시 어려움이 크게 오면 돌아온다. 이 사람은 늘 부모에게 맞으면서 자랐기 때문에 신앙생활도 매를 맞으면서 하는 것이다. 매를 맞고 자란 사람은 기쁨이 없다. 예수님을 믿으면서도 기쁨이 없는 것이다.

사랑이 부족한 아이들은 오줌을 싸거나 일부러 물을 엎지르는 등 문제를 일으켜 야단을 맞음으로써 부모의 관심을 끌고 사랑을 얻으려는 것처럼 이런 사람들은 매를 맞으면서 하나님이 자신을 사랑하신다는 것을 느낀다. 그래서 일부러 문제를 더 일으키고 야단을 맞으면서 사랑을 확인한다. 심리적으로 잔혹한 여러 가지 형태의 스트레스가 쌓이면 마침내 폭발하게 된다. 그래서 부정적인 사고방식을 갖게 된다.

셋째, 필요가 높은 기준에 미치지 못해 좌절되었을 때다. 도저히 감당할 수 없는 목표를 세워놓고 좌절되었을 때 자신은 무가치한 존재라고 여기거나 우울증에 빠진다. 자신이 너무 엄청난 큰 일을 계획해 놓고 좌절되었을 때 상처를 입는다. 그것은 하나님이 주신 비전이 아니라 자기의 정욕적인 목적이 있기 때문이다.

자신은 분명히 목표에 도달할 수 있다고 믿었는데 다른 사람이나 외부 환경에 의해 좌절되었을 때 원망과 분노와 적대감이 생기기 시작한다. 자신을 좌절하게 만든 그 사람에게 적대감이 사라지지 않는다. 특히 사업하는 사람들 가운데 그런 사람들이 많다.

이런 경험을 하고 나면 성취 가능한 목표를 두고도 실패하면 어떻게 할까 하는 두려움을 갖게 된다. '혹시 안 되면 어떻게 하나?' 하고 고민을 하는데 부정적인 것이 속에 있기 때문에 안 될 것을 미리 걱정하는 것이다.

또한 일들이 한꺼번에 밀어닥칠 때 만사가 귀찮아지면서 화를 내게 된다. 왜냐하면 자신이 다른 사람들의 모든 요구를 들어주어야 한다는 마음을 가지고 있기 때문이다. 그리고 계속 두려움과 죄책감이 있을 때 불안과 긴장이 연속된다. 이것은 직장이나 학교, 사회에서도 마찬가지다.

넷째, 유아기 때 거절당한 쓴뿌리가 남아 있을 때다. 이러한 경험은 그 사람을 파멸로 몰아가기도 하며 아무런 이유도 없이 나쁜 감정을 갖게 한다. 이것은 유아기 때 우리가 기억하지 못하는 데서 치유되어야 할 것이 있기 때문이다.

가령 태아 때부터 어머니가 자기를 낙태하려고 했다는 사실을 알고 있는 사람은 늘 피해의식을 가지고 있다. 어머니만 보면 분노한다. 본인은 의식하지 못하지만, 부정적인 것이 자리잡고 있기 때문에 그렇다.

이런 사람은 자신이 아무 쓸모가 없는 사람이라고 생각한다. 거절당한 쓰라린 경험이 있거나 매를 맞고 자란 아이들은 혹독한 벌을 받아야 마땅한 사람이라고 생각한다. 좋은 것을 좋다고 보는 안목이 필요한데 마음의 상처가 있으면 불가능하다. 그러나 어려서부터 사랑으로 용서함 받고 자란 아이들은 하나님께 용서받을 때 감사하고 기뻐하며 다음부터 잘해야겠다고 생각한다.

그리고 부모의 이혼은 아이들에게 큰 상처를 준다. 아이들이 희생양이 되는 것이다. 현재 미국 사회에서 제일 큰 문제가 가정 파괴다. 가정이 파괴되면 사회에 문제아들이 생긴다. 마약 중독자, 폭력 집단은 거의 다 깨어진 가정에서 나온다. 한국도 이혼율이 30퍼센트에 육박하고 있다. 심각한 문제다.

어린 시절의 경험이 어른이 되어서 나타나는 것은 예측할 수 없다. 어렸을 때 경험이 자기도 모르게 튀어나오는데, 본인은 기억하지 못한다. 어린 시절에 부모가 자녀를 거절하거나 무관심한 태도로 받아들였다면 아이가 부모에게 거역하고 대적한다. 나중에 부모가 아무리 여러 가지 방법으로 사랑한다고 할지라도 이 아이의 마음이 돌아서지 않는다.

사람은 사랑에 대한 욕구, 자기의 가치 또는 존재를 인정받고자 하는 욕구가 있다. 요즘 부모들은 물질로 자녀들에게 사랑을 표현하려고 하는 이들이 많은데 이 방법은 결코 좋은 방법이 아니다. 아이들에게 돈만 주고 부모는 부모대로, 아이들은 아이들대로 생활하도록 내버려 두어서는 안 된다. 아이들이 인격이 형성되는 과정에서 부모의 인격을 닮게 하려면 부모와 많은 교제를 해야 한다. 그래서 아이가 '아, 이제는 부모님이 나를 정말 사랑하시는구나' 하고 느낄 때 마음의 문을 열게 된다.

내적 치유, 이렇게 하라

예수님께서 십자가에서 죽으셨을 때 죄와 죄로 인해 연루된 죄책감, 슬픔, 고통, 질병, 절망, 두려움, 소외감 등을 다 담당하셨다.

> 그는 멸시를 받아서 사람에게 싫어버린바 되었으며 간고를 많이 겪었으며 질고를 아는 자라 마치 사람들에게 얼굴을 가리우고 보지 않음을 받는 자 같아서 멸시를 당하였고 우리도 그를 귀히 여기지 아니하였도다 그는 실로 우리의 질고를 지고 우리의 슬픔을 당하였거늘 우리는 생각하기를 그는 징벌을 받아서 하나님에게 맞으며 고난을 당한다 하였노라 그가 찔림은 우리의 허물을 인함이요 그가 상함은 우리의 죄악을 인함이라 그가 징계를 받음으로 우리가 평화를 누리고 그가 채찍에 맞음으로 우리가 나음을 입었도다(사 53:3~5).

예수님께서 우리를 위해 십자가에 달리셨을 때 모든 것을 다 잃어버리셨다. 사역, 제자들, 명성, 자존심 등을 포기하시고 우리의 질고와 슬픔과 고통을 짊어지셨다. 왜 그렇게 하셨는가? 우리를 회복시키고 치료하기 위해서 그렇게 하신 것이다. 오늘날은 성령께서 이 사역을 감당하신다.

> 너희는 다시 무서워하는 종의 영을 받지 아니하였고 양자의 영을 받았으므로 아바 아버지라 부르짖느니라(롬 8:15).

성령께서는 우리를 그리스도 안에서 성장하도록 이끄시고 기름 부으심을 통해 깨어진 심령을 온전케 하신다. 하나님의 도움 없이는 우리의 심령을 고침받을 길이 없다.

> 주 여호와의 신이 내게 임하셨으니 이는 여호와께서 내게 기름을 부으사 가난한 자에게 아름다운 소식을 전하게 하려 하심이라 나를 보내사 마음이 상한 자를 고치며 포로된 자에게 자유를, 갇힌 자에게 놓임을 전파하며(사 61:1).

> 주의 성령이 내게 임하셨으니 이는 가난한 자에게 복음을 전하게 하시려고 내게 기름을 부으시고 나를 보내사 포로된 자에게 자유를 눈먼 자에게 다시 보게 함을 전파하며 눌린 자를 자유케 하고 주의 은혜의 해를 전파하게 하려 하심이라 하였더라(눅 4:18~19).

우리 마음에 무엇인가 눌려 있거나 상처가 있는 부분은 우리 안에 있는 성령께서 역사하심으로 치유받을 수 있다. 성령의 사역 가운데 위로하는 사역이 있다.

첫째, 자신의 쓰라린 과거의 경험들을 하나님께서 치유해 주시도록 기도하기 바란다. 만약 아직 예수님을 영접하지 않았다면 예수님을 먼저 구세주로 영접해야 한다.

예수를 믿어야 치유가 구체적으로 일어난다.

> 여호와는 마음이 상한 자에게 가까이 하시고 중심에 통회하는 자를 구원하시는도다(시 34:18).

둘째, 부모 혹은 조상의 나쁜 영향이 미치면 가계를 통해 흐르는 사탄의 역사를 예수 그리스도의 이름으로 차단하라. 어떤 가정은 2~3년 사이에 암으로 한 사람씩 죽는다. 악한 영이 그 가정을 파괴시키는 것으로, 이것을 끊어야 한다. 예수 그리스도의 이름으로 그것을 끊기 전에는 절대로 멈추지 않을 것이다.

전에 간질병 환자가 치료를 받은 적이 있다. 이 사람은 그것이 유전이라고 생각하고 자녀 중에 한 사람은 반드시 간질병에 걸린다고 믿고 있었다. 그러나 그것은 끝날 수 있는 문제이다.

그러나 부모 대에서 이혼하면 자녀 대에서는 꼭 이혼하는 가정이 생겨난다. 왜 그런가? 분리하는 영이 대를 이어서 그 가정을 깨뜨리기 때문이다. 이런 것도 예수 믿고 다 차단시켜야 한다. 우리가 해야 할 일들이 너무나 많다. 술주정뱅이 집에서 술주정뱅이가 반드시 나오고 바람피는 부모 밑에서는 바람 피는 자식이 나오게 되어 있다.

나는 우리 아버지처럼 하지 않겠다고 굳은 결심을 해도 어느새 자신이 아버지와 똑같은 모습을 하고 있는 것을 보게 된다. 도박꾼 가정에서는 도박꾼이 나온다. 3~4대 도박꾼이 계속 나오면 그 집은 완전히 망한다. 암 환자가 3~4대 걸쳐서 나오면 그 대가 다 끊어진다.

뿐만 아니라 혈기가 아주 강한 사람들은 그 다음 대에서 혈기 왕성한 사람이 나온다. 그리고 부부 싸움을 많이 하는 가정의 자녀들이 나중에 결혼하면 부부 싸움을 많이 한다. 부인을 많이 때리는 가정에서 자란 아들은 나중에 자기 부인을 때린다. 이것이 저주다. 저주를 차단시켜야 한다. 그렇지 않으면 가정이 다 깨진다. 이제 이런 것을 구체적으로 기도하면서 치유를 받아야 한다.

셋째, 부정적인 영향을 끼치는 원인이 되는 사람이나 물건에 대한 의존, 또는 묶임을 예수 그리스도의 이름으로 끊어라. 이를테면 부모의 유산을 받았을 때 형제끼리 싸우거나 하나님의 영광이 나타날 수 없는 물질을 가정의 유산이라고 해서 붙들고 있는 사람들이 있다.

저주의 세력을 끊는 사역을 하던 중 어떤 부인이 집회를 마친 후 그 집에 심방을 와달라고 요청해서 방문하게 되었다. 초등학생과 중학생 아이 둘이 있는데 집에만 있으면 두려움과 공포를 느낀다는 것이다.

저주를 끊는 이야기를 하면서 물건과 연결된 것을 이야기했다. 그랬더니 남편의 취미 중에 돈을 제일 많이 쓰는 것이 골동품 수집이라고 했다. 남편은 돈이 생기는 대로 골동품에 투자했는데, 아이들 방에 큰 골동품 뒤주를 마련해 놓고 골동품을 가지고 들어오는 날에는 아이들이 더 힘들어지는 것이었다. 아이들이 사춘기라서 감수성이 예민해 그렇다고 여기며 넘어갔는데 말씀을 듣고 보니 그것이 아니라는 것을 알게 되었다는 것이다.

나는 골동품이 어디 있는지 모르는 상태에서 기도했는데도 그것이 어디 있는지 느낄 수 있을 만큼 악한 영들이 역사하는 것을 알 수 있었다. 그래서 아이들 방에 있는 것을 다른 곳으로 옮겼을 때 아이들이 편안하게 잠을 자게 되었다.

골동품 수집을 좋아하는 사람들은 아주 좋고 비싼 골동품을 모셔 놓고 사는 경우가 많다. 그런데 그런 가정들은 예수를 믿는데도 안 좋은 일이 많이 생기는 것을 보았다. 겁을 주기 위해서 이런 말을 하는 것이 아니다. 부정적인 영향을 끼치는 원인이 되는 사람이나 물건에 대한 의존이나 묶임을 예수 그리스도의 이름으로 끊어야 한다.

부모나 혹은 조상에게서 나쁜 영향이 미치는 부분이 있다. 부모님이 주신 것이기 때문에 혹은 조상 때부터 내려오는 것이기에 그것을 가지고 있어야 마음이 안정되는 것이 있을 것이다. 또한 성격이나 부모 대에 겪은 참혹한 일이 있다면 이것이 자녀에게 미치지 않도록 다 차단시켜야 한다.

넷째, 용서하지 않는 마음을 치유 받는 5단계가 있다.

- 용서하지 않는 마음의 죄를 주님께 고백하라.

여러분 마음속에 용서하지 못하는 마음이 있는가? 격동하는 마음이 있는가? 분노를 가지고 있는가? 이 시간 하나님 앞에 그대로 다 내어놓아라. 하나님은 정직한 자를 기뻐하신다.

"하나님, 저는 용서할 수 있는 능력이 없습니다. 사랑할 수 있는 능력이 없습니다. 저를 먼저 용서해 주시고 사랑해 주세요. 주님이 사랑을 주셔야 제가 사랑할 수 있습니다."

- 하나님께 용서를 구하고 믿음으로 용서를 받아들이라.

하나님 앞에 용서를 구하라. 하나님께서 마음에 평강을 주실 때, '주님께서 내 죄를 용서해 주셨구나' 하는 것을 그대로 수용하라.

누가복음 18장에 나오는 바리새인과 세리의 기도를 기억해보라. 바리새인은 '하나님이여 나는 다른 사람들 곧 토색, 불의, 간음을 하는 자들과 같지 아니하고 이 세리와도 같지 아니함을 감사하나이다. 나는 이레에 두 번씩 금식하고 또 소득의 십일조를 드리나이다' 라고 기도하면서 스스로를 의롭게 여겼다. 그러나 세리는 멀리 서서 감히 눈을 들어 하늘을 우러러 보지 못하고 다만 가슴을 치며 '하나님이여 불쌍히 여기옵소서 나는 죄인이로소이다' 하며 겸손히 기도하였다.

그러나 성경은 세리가 바리새인보다 의롭다 하심을 받고 내려갔다고 말하고 있다. 우리의 기도는 듣기에 거룩한 기도가 아니라 하나님이 의롭다 하시는 기도가 되어야 할 것이다. 분노를 가득 품고서 "거룩하시고 자비로우신 아버지 하나님…" 하고 기도하는 것은 통하지 않는다. 주님 앞에 그대로 토로하고 기도하기 바란다.

• 감정에 지배를 받기보다는 성령의 도우심으로 의지의 지배를 받아라.

• 그 사람을 축복하라.

여러분이 미워했거나 여러분들과 묶여 있던 사람들을 축복하라. 용서했으면 그를 사랑으로 대 해 주라. 용서한 사람을 다시 만날 때 친절하게 대하라.

• 예배, 기도모임, 성경공부, 묵상 등을 통해 자신의 마음을 새롭게 함으로 그리스도 안에서 하나님 자녀로서 기쁨을 누리라.

치유기도를 위한 다섯 단계

1단계 : 면담

어디가 어떻게 아픈지 알아내는 과정이다.

"제가 무엇을 위해 기도해 드릴까요?"라는 질문에 대해 자연적인 차원과 초자연적인 차원의 대답을 얻게 될 것이다.

2단계 : 진단

기도 받는 사람이 갖고 있는 문제의 근원을 찾아내는 것이다.

이때는 치유 받아야할 사람 자신이 그 문제의 근원을 알고 있는 경우는 매우 드물다. 그래서 기도하는 사람이 하나님께 그 문제의 근원에 대한 통찰력을 달라고 기도하게 되는데 이런 통찰력은 지식의 말씀의 은사나 지혜의 말씀 혹은 영 분별의 은사를 통해 생기는 것이 일반적이다.

3단계 : 기도의 선택

치유받는 사람을 돕기 위해 어떠한 종류의 기도가 필요한지 알게 되는 과정이다. 여기에는 크게 두 가지의 기도가 있다.

첫째, 하나님을 향한 기도이다. 병든 자들을 위하여 어떻게 중재하는 것이 바른 길인가를 하나님께 물어본다. 사람들의 치유를 위해 기도할 때, 우리는 그들에 대한 깊은 관심과 사랑을 가지고 하나님과 그들 사이에서 치유를 간절히 구해야 한다.

가장 효과적인 중재기도는 "주님, ○○○의 병을 낫게 해 주십시오"와 같이 단순하면서도 꾸밈이 없는 것이다. 그리고 때때로 기도 받는 사람이 믿음이 자라도록 그들 스스로 자신의 치유를 위해 기도하라고 권면하기도 한다.

둘째, 하나님께로부터 오는 말씀이 있다. 이때 병이나 악령에 대한 직접적인 명령을 할 수도 있다. 이럴 경우 능력이 용솟음치고 하나님과의 만남을 통해 나오는 경외감과 더불어 뜨겁거나 쑤시는 듯한 느낌이 오기도 한다. 또한 치유가 이루어졌음을 선포하기도 하는데, 이제는 싸움이 끝났다는 평온한 느낌을 동반하고 예언적인 통찰력을 수반하기도 한다.

마지막으로, 권능의 말씀을 통해서 어떤 사람을 사로잡고 있는 귀신의 지배를 물리치거나 그들의 세력을 억제할 수 있다. 치유 과정에서 기도의 선택 단계는 결정적인 중요성을 띠고 있다.

4단계 : 기도의 시행

이 단계에서는 우리의 기도가 얼마나 효과적인지 알게 된다. 성령의 능력이 임하실 때 사람들은 하나님의 능력과 진리에 대한 반응으로 뒹굴기, 몸의 진동, 흐느끼기, 큰소리로 웃기, 소리 지르기 등 여러 가지 현상들이 나타날 수도 있다. 이러한 육체적 현상들이 성령의 역사에 반드시 필요하거나 필수적으로 수반되는 것은 아니다.

그러나 이러한 현상들이 성령의 역사에 따르는 일이 실제로 빈번하며 이런 하나님의 능력을 실제로 경험하는 당사자들은 이를 통해서 삶 자체가 바뀌는 역사가 일어나기도 한다.

신유가 적용될 수 있는 영역에는 영적인 문제, 과거 상처들의 영향, 육체적인 질병, 귀신들림의 네 가지가 있다. 그 영역에 따라 치유를 비는 기도는 각각 다른 방식으로 적용되어야 한다.

5단계 : 기도가 끝난 후의 지시사항

기도가 끝난 후에는 더 이상 죄를 범하거나 육체의 길을 따르지 않도록 돕는다. 즉 성경공부나 기도 등 영적 훈련을 받도록 도우며 모든 영역에 걸쳐 지속적인 돌봄이 필요하다. 치유되지 못한 경우에는 하나님께서 그들을 사랑하고 계시다는 사실을 확신시키면서 희망을 잃지 말고, 계속 기도할 것을 권면해야 한다.

치유 기도문

전능하신 하나님,
예수 그리스도의 보혈로 우리를 덮어 주시고
성령의 기름 부으심으로 충만하게 하옵소서.
성령께서 우리가 용서해 주어야 할 사람을
기억나게 하시고
질병을 불러일으키는 모든 죄들을 회개하게 하시며
금이 가고 상처 난 부분을 싸매어
온전하게 해 주시옵소서.
"이 시간 예수 그리스도의 이름으로 명하노니
○○○를 괴롭게 하고 질병을 가져다 주는
모든 악한 영들은 묶임을 받고 떠나갈지어다."
주님! ○○○의 죄를 사하여 주시고 치유하여
주심을 감사드립니다.
다시는 같은 부분에서 죄를 범하지 않고
고통당하지 않게 하여 주시옵소서.
예수님의 이름으로 기도합니다. 아멘.

참고 도서

Ahn, Che. The Authority of The Believer and Healing. Colorado Springs, CO: Wagner Publications, 1999. Insights on understanding healing and practicing a healing ministry in your church by one of America's outstanding pastor-apostles.

Anderson, Neli T. Victory Over the Darkness. Regal Books, Ventura, CA. 1997. A useful book for understanding who are in Christ.

Annacondia, Carlos. Listen to Me Satan. Creation House, Lake Mary, FL, 1998. A fascinating treatment describing deliverance ministry in evangelistic campaigns associated with the great Argentina revival, especially during the 1980s and 1990s.

Blue, Ken. Authority to Heal. Downers Grove, IL: Inter Varsity Press, 1987. Here is a fine discussion of the third wave view of healing, authenticated by numerous examples of this author's own healing ministry.

Bonnke, Reinhard, Demons and Deliverance in the Ministry of Jesus. Impact Christian Books, Kirkwood, MO, 1991. The "Dean of Deliverance" gives biblical examples and principles of deliverance.

Dearing, Norma. The Healing Touch. Grand Rapid Michigan: Chosen Books. Rejection, abandonment, emotional trauma, generational bondage, unholy unions and dabbling in the occult can each interface with our healing.

Deere, Jack. Surprised by the Power of the Spirit. Grand Rapids, MI: Zondervan Publishing House, 1993. A straightforward apologetic for power ministries by a former Dallas Theological Seminary professor who turned decisively away from cessationism.

Hammond, Frank and Ida Mae. A Manual for Children's Deliverance. Impact Christian Books, Kirkwood, MO, 1996. This is sequel to Pigs in the Parlor is an authoritative manual on children's deliverance. Written simply, compassionately and is the best step-by-step book to help in children's deliverance.

Hammond, Frank and Ida Mae. Pigs in the Parlor. Impact Christian Books, kirkwood, MO, 1973. A groundbreaking book written by pioneers of deliverance ministry. The chapter on schizophrenia is highly valuable.

Hammond, Frank and Ida Mae. The Breaking of Curses. Impact Christian Books, Kirkwood, MO, 1993. An uncomplicated, short, to-the-point book thattakes the mystery out of breaking curses.

Harper, Michael. The Healings of Jesus. Downer's Grove, IL: Inter varsity Press, 1986. This is not only a biblical exposition of Jesus's healing ministry, but it also contains interpretive chapters showing how the ministry of healing is relevant to the church today.

Hinn, Benny. The Anointing. Nashville, Tennessee: Thomas Nelson. It leads you to a vital, lifechanging experience with each member of the God head -Father, Son, and Holy Spirit- and introduces you to the power of God. so you can act in that power.

Horrobin, Peter. Healing Through Deliverance 1: The Biblical Basis. Renew, Ventura, CA, 1991. This highly acclaimed book is a comprehensive assessment of the place of deliverance ministry in the life of the Church. The author provides a sound biblical look at the way powers of darkness can affect people's lives and answers many difficult questions often asked about healing and deliverance.

Horrobin, Peter. Healing Through Deliverance 2: The Practical Ministry. Renew, Ventura, CA, 1995. This companion book brings out the practical sides of deliverance ministry and lays foundations for ministering deliverance to individuals. It contains an excellent index and very helpful comprehensive glossaries.This should be in basic deliverance libraries.

Hunter, Charles and Francis. Handbook for healing, Revised Version. New Kensington, PA: Whitaker House. This book is the reaction of many who have experienced the power of God while praying healing for the sick.

Kraft, Charles. Defeating Dark Angels. Servant Publications, Ann Arbor, MI, 1992. Kraft uses a different methodology than some deliverance ministers. He sometimes dialogs with evil spirits, although many deliverance ministers would not recommend this. Although controversial, it deserves a reading.

MacNutt, Francis. Deliverance From Evil Spirits. Chosen Books, Grand Rapids, MI, 1995. This practical manual clears away many of the misconceptions surrounding deliverance ministry. Contains advanced material not found elsewhere.

MacNutt, Francis. Healing(revised Edition). Altamonte Springs, FL: Creation House, 1988. This book, written by a former Catholic priest, is considered a classic textbook in the field, valuable for believers of all denominations.

MacNutt, Francis. The Power to Heal. Notre Dame, IN: Ave Maria Press, 1977.
MacNutt's second book carries on the material from the first the first one, but in many places reflects more mature thinking.

Marshall, Tom. Healing from the Inside Out, 1991, Lynnwood, Washington: Emerald Books Understanding God's Touch from Spirit Soul and Body.

Nunes, Winston. Driven by the Spirit, Orlando, Florida: Living the way of the cross profound revelation on the Cross of Jesus Christ and powerful biblical teaching on miracles, signs and wonders.

Pierce, Chuck and Rebecca Wagner Sytsema. Ridding Your Home of Spiritual Darkness. Wagner Publications, Colorado Springs, CO. 1999. An outstanding handbook to guide a believer in cleansing their home from other objects that may be an opening for demonic activity.

Prince, Derek. Blessing of Curse, You can Choose. Chosen Books, Grand Rapid, MI, 1990. To enjoy all the benefits of God's blessings and be protected from curses, we must gain an understanding of how these two forces work in our lives.

Rallo, Vito. Breaking Generational Curses and Pulling Down Strongholds. Creation House, Lake Mary, FL, 2000. Helps identify curses and strongholds on the life of an individual and shows how to destroy them. Contains very helpful groupings of demons frequently encountered.

Sanford, Agnes. The Healing Light. St. Paul, MN: Macalester Park Publishing CO., 1947. One of the early books on healing by a non-Pentecostal. Considered a classic.

Wagner, C. Peter. How to Have a Healing Ministry In Any Church. Ventura, CA: Regal Books, 1988. A full treatment of the Third Wave and how it understands divine healing in theory and practice.

Wagner, Doris. How to Cast Out Demons: A beginners Guide. Regal Books, Ventura, CA, 1999. An easy to use, field-tested handbook on ministering deliverance that any committed believer could use to set others free from demonic oppression. Contains a questionnaire to gather information for the deliverance session and a prayer of release from the curses of Freemasonry.

Wagner, Doris. Understanding Basic Issues in Deliverance. Wagner Publications, Colorado Springs, CO, 2000. This is a set of audio tapesaccompanied by a syllabus.

Williams, Don. Signs, Wonders and Kingdom of God. Ann Arbor, MI: Servant Publications, 1989. Theological aspects of the kingdom of God as seen in the Old and New Testaments. Chapter 9 is a thoughtful refutation of the Fuller Seminary document Ministry and Miraculous edited by Lewis Smedes.

Wimber, John and Kevin Springer. San Francisco, CA: Harper San Francisco, 1987. Few have had more experiences in teaching the theory and modeling the practice of divine healing than John Wimber. This balanced treatment takes its place in the top echelon of works on this subject.